Peter Erath / Claudia Amberger

Das KitaManagementKonzept

Peter Erath / Claudia Amberger

Das KitaManagement-Konzept

Kindertageseinrichtungen auf dem Weg
zur optimalen Qualität

Herder Freiburg · Basel · Wien

Gedruckt auf umweltfreundlichem,
chlorfrei gebleichtem Papier

Umschlaggestaltung: Joseph Pölzelbauer, Freiburg
Umschlagfoto: Hartmut W. Schmidt, Freiburg

Alle Rechte vorbehalten – Printed in Germany
© Verlag Herder Freiburg in Breisgau 2000
Satz: Barbara Herrmann, Freiburg
Druck und Bindung: Freiburger Graphische Betriebe 2000
ISBN 3-451-27203-2

Inhalt

1	Einleitung	9
1.1	Qualität in Kindertageseinrichtungen – ein neues Modewort?	9
1.2	Qualitätssicherung/Qualitätsmanagement – Wo liegt der Unterschied?	11
1.3	Kann man in der Wirtschaft gewonnene Erfahrungen im sozialen Bereich anwenden?	12
1.4	Das KitaManagementKonzept – ein Modell zur Sicherung einer optimalen Qualität	13
1.5	Voraussetzungen für eine optimale Gesamtqualität	14
1.6	Gliederung	15
2	Unterschiedliche Qualitätskonzepte im Bereich der Kindertageseinrichtungen	16
2.1	Das „individualistisch-normative Konzept": Qualität als persönliche Qualität	17
2.2	Das „dialogische Konzept": Pädagogische Qualität als Teamqualität	22
2.3	Das „fachlich-normative Konzept": Gleiche Qualitätsstandards in allen deutschen Kindergärten	29
2.4	Das „organisationale Konzept" der DIN EN ISO 9000 ff.: Qualität als Kundenzufriedenheit	33

3	Das KitaManagementKonzept	38
3.1	Die drei grundlegenden Qualitätsdimensionen im KitaManagementKonzept	39
3.2	Die grundlegenden Qualitätsdimensionen und ihre Teilaspekte	42
3.2.1	Die Teilaspekte der interaktiven Dimension	42
3.2.2	Die Teilaspekte der fachlichen Dimension	43
3.2.3	Die Teilaspekte der organisationalen Dimension	44
3.2.4	Das Gesamtmodell im KitaManagementKonzept	46
3.3	Die Bedeutung der einzelnen Qualitätsdimensionen	49
3.3.1	Die interaktive Dimension: Die einzelnen Interessenpartner, ihre Bedürfnisse und Erwartungen	49
3.3.2	Die fachliche Dimension: Fachlichkeit als Orientierung an pädagogisch-wissenschaftlichen Standards, Erfüllung gesellschaftlicher Zwecke und Einhaltung gesetzlicher Vorgaben	62
3.3.3	Die organisationale Dimension: Handlungssicherheit und Zufriedenheit durch Organisationsmanagement	66
3.4	Die Managementaufgaben im KitaManagementKonzept	72
3.4.1	Den drei Qualitätsdimensionen angemessen Rechnung tragen	72
3.4.2	Differenzerfahrungen als Ausgangspunkt von Veränderungen und Verbesserungen betrachten	73
4	Die zehn Schritte zum KitaManagementKonzept	83
4.1.	Der erste Schritt: Das Gefühl der Dringlichkeit aufbauen	84
4.1.1.	Grundsätzliches	84
4.1.2	Methodische Hinweise und Beispiele	87
4.2.	Der zweite Schritt: Das Dienstleistungsangebot der Einrichtung festlegen	89
4.2.1	Grundsätzliches	89
4.2.2	Methodische Hinweise und Beispiele	90
4.3	Der dritte Schritt: die Grundkonzeption entwickeln	97
4.3.1	Grundsätzliches	97
4.3.2	Schritte bei der Entwicklung von Zielen, dem Selbstverständnis und Prinzipien	99

4.3.3. Methodische Hinweise und Beispiele 102

4.3.4 Methodische Hilfe bei der Formulierung der pädagogischen
Ziele 107

4.4 Der vierte Schritt: Die pädagogischen Teilleistungen
bestimmen (Leistungsangebot) 108

4.4.1 Grundsätzliches 108

4.4.2 Methodische Hinweise und Beispiele 110

4.5 Der fünfte Schritt: die Konzeptionsschrift verfassen 113

4.5.1 Grundsätzliches 113

4.5.2. Methodische Hinweise und Beispiele 115

4.6. Der sechste Schritt: Das Dokumentationssystem anlegen . . 117

4.6.1 Grundsätzliches 117

4.6.2 Methodische Hinweise und Beispiele 119

4.7 Der siebte Schritt: Prozess-Qualitätsstandards festlegen . . 129

4.7.1 Grundsätzliches 129

4.7.2 Methodische Hinweise und Beispiele 131

4.8 Der achte Schritt: Zweckmäßige Arbeitsstrukturen
entwickeln (Strukturqualität) 137

4.8.1 Grundsätzliches 137

4.8.2 Aufbau einer klaren Organisationsstruktur 138

4.8.3 Sicherung des Informations- und Kommunikationsflusses
(Kommunikationsstruktur) 146

4.8.4 Förderung einer systematischen Personalentwicklung
(Personalstruktur) 152

4.8.5 Klärung der Etat- bzw. Finanzstruktur 156

4.8.6 Weiterentwicklung der Öffentlichkeitsarbeit und „Imagepflege" 160

4.8.7 Allgemeine Hinweise zur Entwicklung der Qualität von
Arbeitsstrukturen 163

4.9 Der neunte Schritt: Evaluationsverfahren festlegen 167

4.9.1 Grundsätzliches 167

4.9.2 Methodische Hinweise und Beispiele zur Sicherung der Prozess-
qualität 168

4.9.3 Methodische Hinweise und Beispiele zur Sicherung der
Ergebnisqualität 172

4.10   Der zehnte Schritt: Die einzelnen Teilaspekte
        in einem Qualitätshandbuch integrieren   174
4.10.1 Grundsätzliches   174
4.10.2 Die einzelnen Elemente eines Qualitätshandbuchs   176
4.10.3 Qualitätshandbuch – allgemeiner Teil   177
4.10.4 Anhang A – pädagogische Qualitätsstandards und Standards
        der Elternarbeit   196
4.10.5 Anhang B – strukturelle Qualitätsstandards   198
4.10.6 Anhang C – Evaluationsverfahren   206
4.10.7 Anhang D – Dokumentvorlagen   208
4.10.8 Zertifizierung – ja oder nein?   209

5   Damit es auf Dauer funktioniert:
        Die Anforderungen an die Interessenpartner bei der
        Umsetzung des KitaManagementKonzepts   210

Literaturverzeichnis   221

Abbildungsverzeichnis   222

1 Einleitung

1.1 Qualität in Kindertageseinrichtungen – ein neues Modewort?

Überblickt man die Literatur der letzten Jahre, die im Bereich der Kindertageseinrichtungen erschienen ist, so stößt man immer wieder auf den Begriff der „Qualität". Zahllose Autorinnen und Autoren haben sich damit beschäftigt und sich von unterschiedlichen Perspektiven aus an das Thema herangewagt. Und alle sind jeweils zu dem gleichen Ergebnis gelangt: die Kindertageseinrichtungen müssen ihre Qualität steigern, wollen sie den zukünftigen Anforderungen, die an sie herangetragen werden, gerecht werden.

> Kindertageseinrichtungen müssen ihre Qualität steigern, wollen sie zukünftigen Anforderungen gerecht werden.

Sucht man nach Ursachen für diese Entwicklung, so kann man zunächst feststellen, dass die Beschäftigung mit dem Thema Qualität nicht auf Versäumnissen der Praxis beruht. Im Gegenteil – die Praxis in Kindertageseinrichtungen vollzieht sich auf einem hohen Niveau. Was in allen Ausführungen betont wird, ist jedoch die Dringlichkeit, mit der „der Erhalt und die Steigerung der Qualität (früh-)kindlicher Erziehung, Bildung und Betreuung" (Fthenakis/Textor 1998, S. 9) gesichert werden muss.

Folgende äußere Faktoren scheinen demnach für die neu entfachte Qualitätsdebatte verantwortlich:
- die Eltern, die, dadurch, dass ihnen nun ein rechtlich verbriefter Anspruch auf einen Kindergartenplatz zusteht, die Leistungen der Kindertageseinrichtungen aufmerksamer beobachten und bei Bedarf kritisieren;
- die Kommunen und Landkreise, die im Rahmen ihrer Planungs- und Gestaltungsverantwortung höhere Erwartungen an die von ih-

nen bezuschussten Einrichtungen sowohl in fachlicher als auch in wirtschaftlicher Sicht herantragen;

- die Bildungspolitiker, die angesichts der zunehmenden Globalisierungsprozesse besorgt anfragen, ob und wie unsere Kinder ausreichend auf diese Zukunft vorbereitet werden;
- die Bürgerinnen und Bürger, die gerade vom sozialen Bereich (aus Kostengründen) eine sowohl fachlich hochwertige, als auch effiziente Arbeit einfordern, und
- die Medien, die diese Trends noch dadurch verstärken, dass sie auftauchende Beschwerden und Mängel aufgreifen und weit verbreiten.

Alle diese vielfältigen Perspektiven tragen dazu bei, dass Kindertageseinrichtungen zunehmend in den Blickpunkt der Öffentlichkeit geraten. Dies ist grundsätzlich zu begrüßen und stellt eine Aufwertung der Tätigkeit aller dort Beschäftigten dar, auf die diese lange schon gewartet haben. Was aber im Rahmen dieser Entwicklung neu hinzukommt, ist die Erweiterung der Aufgaben der Einrichtungen. Eltern stellen nämlich nicht nur fest, wie wichtig Kindertageseinrichtungen für die optimale Entwicklung ihrer Kinder und damit für das Glück der Familie sind, sondern sie wollen zugleich wissen, welche möglichen (Dienst-)Leistungen sie erwarten können. Und die Verwaltung macht sich nicht nur Gedanken darüber, wie viel Geld diese Einrichtungen kosten dürfen, sondern fordert die Leiterinnen dazu auf, zu klären, wie viel Personal insgesamt wirklich erforderlich ist und welche Öffnungszeiten durch welche Arbeitszeitgestaltung am effizientesten organisiert werden können.

Wenn also jetzt von Qualität die Rede ist, so bezieht sich dies nicht mehr nur auf pädagogisch-fachliche Aspekte; der neue Qualitätsbegriff schließt zugleich strukturelle, wirtschaftliche und organisatorische Aspekte mit ein. Die Frage lautet also, ob die neuen Anforderungen an die Qualität von Kindertageseinrichtungen mit den alten Methoden der vorwiegend fachlichen Diskussion in den Einrichtungen gesichert werden können oder nicht.

1.2 Qualitätssicherung/Qualitätsmanagement – Wo liegt der Unterschied?

Mit der Erkenntnis, dass Qualität etwas Umfassendes ist, das durch vielfältige Faktoren gestaltet und beeinflusst werden kann, nähert sich der soziale Bereich den Erkenntnissen im technischen Bereich an. In der Industrie wurden bereits seit den zwanziger und dreißiger Jahren dieses Jahrhunderts Methoden der Qualitätssicherung erforscht und in die Betriebe eingeführt. Dabei ging es zunächst vor allem darum, die Herstellung fehlerhafter Waren zu vermeiden. Mittels eines Qualitätssicherungsregelkreises sollten Abweichungen erfasst und beeinflusst werden (Glaap 1996, S. 14). Gerade in den Bereichen wie etwa in der Automobilindustrie, in denen die großen Konzerne auf eine Fülle von Zulieferern angewiesen waren und sind, ging es später dann darum, Sicherheit zu erlangen, dass die von „fremden" Firmen gelieferten Einzelteile auch wirklich das hielten, was versprochen worden war. Qualitätssicherung wurde somit zur Vertrauenssache und die Zertifizierung durch die DIN EN ISO 9000 ff. (siehe dazu Kapitel 2.4) zu einem Muss.

> Neue Methoden des Qualitätsmanagements sind erforderlich.

Zielten diese Qualitätssicherungssysteme zunächst vor allem auf die Fehlervermeidung, so gehen Qualitätsmanagementsysteme, die später entwickelt wurden, über diese Zielsetzung hinaus. Sie basieren auf der Erkenntnis, dass ein Unternehmen nur dann überlebensfähig ist, wenn es sich als Ganzes ständig um die Verbesserung seiner Leistungen und seines Angebots bemüht. Damit stellt sich die Aufgabe, nicht nur die Arbeitsabläufe, sondern das gesamte Unternehmen so zu gestalten, dass ständige Verbesserungen möglich werden. Um ein solches Ziel zu erreichen, genügt es nicht mehr nur, die Arbeitsabläufe zu kontrollieren. Die Sicherung und Weiterentwicklung der Qualität muss alle Bereiche eines Unternehmens erfassen und somit zur „Chefsache" werden. „Qualitätsmanagement" bedeutet deshalb, dass nicht nur die Mitarbeiterinnen für Qualität zuständig sind, sondern dass es die wichtigste Aufgabe der Leitung ist, alle Entscheidungen nach dem Prinzip der optimalen Qualitätsrealisierung zu treffen.

1.3 Kann man in der Wirtschaft gewonnene Erfahrungen im sozialen Bereich anwenden?

Die wichtige Frage für Kindertageseinrichtungen lautet jetzt: Lassen sich die in der Wirtschaft gewonnenen Erfahrungen einfach in den sozialen Bereich übertragen? Die Antwort darauf klingt zunächst unbefriedigend: sowohl als auch!

Sie lautet zum Teil ja, weil der soziale Bereich, der oft auch als Non-Profit-Bereich bezeichnet wird, dem industriellen darin gleicht, dass in beiden Bereichen Leistungen erbracht werden, die geplant, umgesetzt und finanziert werden müssen. Deshalb können Aspekte, die die Organisation betreffen und Konzepte, die zeigen, wie man Leistungen optimal entwickelt und umsetzt, direkt in den sozialen Bereich übernommen werden. Und dazu gehören auch wichtige Erkenntnisse bezüglich der Rolle der Leiterin/des Leiters, die/der in diesem System ganz neue Führungs- und Managementaufgaben zu übernehmen hat.

Sie lautet zum Teil nein, weil im sozialen Bereich nicht nur der direkte Leistungsnehmer (die Eltern, die Kinder), sondern auch die Kommune und letztlich der Steuerzahler (die Gesellschaft) das Leistungsprodukt mitfinanzieren. Deshalb haben diese auch ein Recht, auf dessen konkrete Gestaltung Einfluss zu nehmen, und spielen deswegen auch insbesondere sozialpolitische Aspekte in sozialen Einrichtungen eine wichtige Rolle. Würden Eltern als Kunden alleine entscheiden, dann hätten wir bald eine Landschaft von Kindertageseinrichtungen, die aus sehr guten und teuren, aber auch aus sehr schlechten und billigen Einrichtungen bestünde. Dies will aber derzeit weder diese Gesellschaft, noch will es die große Mehrzahl der engagierten Mitarbeiterinnen in den einzelnen Einrichtungen, die ihren Beruf nicht nur des Geldverdienens wegen, sondern auch aus sozialen Motiven heraus gewählt haben. Ein Qualitätsmanagementsystem für den Bereich der Kindertageseinrichtungen muss folglich dieser Problematik Rechnung tragen. Es kann sich nicht allein am Kunden, sondern muss sich an einer Vielzahl von Faktoren orientieren.

1.4 Das KitaManagementKonzept – ein Modell zur Sicherung einer optimalen Qualität

Das im folgenden dargestellte **KitaManagementKonzept,** das in der Praxis vielfach erprobt wurde, bietet den Trägern, Leiterinnen und allen Mitarbeiterinnen von Kindertageseinrichtungen, die das Funktionieren oder Nicht-Funktionieren ihrer Einrichtung verstehen und beeinflussen wollen, ein umfassendes Erklärungs- und Handlungsmodell. Im Gegensatz zu anderen bekannten Modellen, die lediglich Teilaspekte der Qualität einer Kindertageseinrichtung erfassen und die in Kapitel 2 vergleichend dargestellt werden, hat es den Vorteil, dass es die vielfältigen Dimensionen und Aspekte der Gesamtqualität einer Einrichtung erkennt und Wege aufzeigt, wie diese beeinflusst werden können. Das **KitaManagementKonzept** entwickelt und sichert so eine optimale Qualität.

Das KitaManagementKonzept zeigt Wege auf, die Qualität nachhaltig zu beeinflussen.

DREI DIMENSIONEN ZUR SICHERUNG OPTIMALER QUALITÄT

- ☐ die **interaktive Dimension,** wonach die Qualität einer Einrichtung umso höher ist, je besser es gelingt, die Interessen der verschiedenen Partner (Eltern, Kinder, Träger, Mitarbeiterinnen, Kommune etc.) zu vermitteln;
- ☐ die **fachliche Dimension,** nach der die Qualität einer Einrichtung umso höher erscheint, je besser es den Mitarbeiterinnen gelingt, fachliche Vorgaben zu erfüllen;
- ☐ die **organisationale Dimension,** wonach die Qualität einer Einrichtung davon abhängt, inwiefern es gelingt, die Umsetzung der versprochenen Leistungen durch den Aufbau klarer Organisationsstrukturen fehlerfrei zu garantieren.

Das **KitaManagementKonzept** geht davon aus, dass keine der drei Qualitätsdimensionen allein ausreicht, um die Gesamtqualität einer Kindertageseinrichtung zu optimieren. Erst zusammengenommen ergeben die drei Dimensionen eine umfassende Perspektive und ermöglichen das jeweilige Optimum.

> Ziel des KitaManagementKonzepts ist es, die Einrichtungen mit Hilfe eines klaren Organisationskonzeptes in die Lage zu versetzen, den Erwartungen und Bedürfnissen der unterschiedlichen Interessenpartner bei gleichzeitiger Gewährleistung hoher fachlicher Standards Rechnung zu tragen.

1.5 Voraussetzungen für eine optimale Gesamtqualität

In Einrichtungen, in denen auf Dauer eine optimale Gesamtqualität entwickelt werden soll, muss es – ebenfalls auf Dauer – gelingen, drei Voraussetzungen zu schaffen:

1. Die Sicherung der Gesamtqualität erfordert die ständige Beobachtung und Beeinflussung der verschiedenen Teilaspekte, die vom externen Beobachter nicht immer erkannt werden können, die aber die Insider kennen. Es geht immer um die Weiterentwicklung von Fachlichkeit, die Verbesserung von Organisationsstrukturen und die Integration unterschiedlicher Erwartungen und Ansprüche der Interessenpartner.

2. Die Sicherung der Gesamtqualität kann nie statisch, sondern muss immer prozesshaft erfolgen. Die sich teilweise ständig verändernden Erwartungen der Adressaten bzw. die Erfordernisse des Umfeldes machen die Managementaufgabe zu einem gestalterischen Prozess, der niemals zu einem Ende kommt. Dessen Gelingen setzt voraus, dass die Interessenpartner mit den entstehenden Differenzen offen und konstruktiv umgehen und auf diese Weise daraus resultierende Spannungen vermeiden. Dazu sind klare Arbeits- und Organisationsstrukturen erforderlich, die die nötige Stabilität sichern und Offenheit erlauben.

3. Trotzdem darf sich das Qualitätsmanagement nie in reine Kommunikation auflösen. Damit ein konstruktiver Dialog mit den Interessenpartnern möglich wird, muss die Frage der Gesamtverantwortung offen gelegt werden. Sie liegt zunächst beim Träger, der

diese Aufgabe dann aber zu großen Teilen an die Leiterin der Einrichtung delegiert. Diese wird Teile davon wiederum an das Team oder an einzelne Teammitglieder weitergeben, sich aber niemals ihrer Letztverantwortung entziehen.

1.6 Gliederung

Im Folgenden werden im zweiten Kapitel derzeit vorhandene Qualitätskonzepte im Bereich der Kindertageseinrichtungen vorgestellt und diskutiert. Dabei geht es hier vor allem darum, die unterschiedlichen Qualitätsdimensionen in den einzelnen Ansätzen zu identifizieren, gleichzeitig aber auch deren je spezifische Begrenztheit in Bezug auf die gestellte Aufgabe, die der Optimierung der Gesamtqualität einer Kindertageseinrichtung, aufzuzeigen.

In einem dritten Kapitel werden die verschiedenen Qualitätsdimensionen, die für die Optimierung der Gesamtqualität in einer Einrichtung ausschlaggebend sind, dargelegt und in weitere Qualitätsaspekte untergliedert. Zusammengefasst ergibt sich so das Grundmodell des **KitaManagementKonzepts**, dessen einzelne Teilaspekte dann im Folgenden eingehend erläutert werden.

Im vierten Kapitel wird ein zehn-stufiges Modell zur Einführung des **KitaManagementKonzepts** vorgestellt. Dabei werden zunächst jeweils die theoretischen Grundlagen der einzelnen Aufgabenstellungen erläutert. Methodische Hilfestellungen und Beispiele erleichtern deren Umsetzung in der Praxis. Der Abschluss dieser Entwicklungsarbeit, die Zusammenfassung aller Ergebnisse in einem Qualitätshandbuch, wird vorgestellt.

Kapitel 5 benennt die Voraussetzungen, die es seitens der verschiedenen Interessenpartner Eltern, Träger, Mitarbeiterinnen, Leiterinnen etc. zu schaffen gilt, damit das **KitaManagementKonzept** funktioniert und damit es gelingen kann, gegenwärtig und zukünftig eine optimale Gesamtqualität in der eigenen Einrichtung zu garantieren.

2 Unterschiedliche Qualitätskonzepte im Bereich der Kindertageseinrichtungen

Die klassischen Qualitätskonzepte greifen nur Teilaspekte auf.

In diesem Kapitel werden die derzeit bekannten Qualitätskonzepte dargestellt und kritisch beleuchtet. Dabei wird deutlich: Alle Konzepte weisen auf jeweils andere, für die Gewährleistung von Qualität äußerst wichtige Einflussgrößen hin, ohne diese aber zu einem schlüssigen und praktikablen Konzept zusammenfügen zu können.

Das in den sechziger Jahren favorisierte „individualistisch-normative Konzept" geht von der wichtigen reformpädagogischen Erkenntnis aus, dass pädagogische Qualität vor allem individuell bestimmt wird und damit von jeder Mitarbeiterin allein zu verantworten ist. Schwierigkeiten entstehen hier dann, wenn die Mitarbeiterinnen je eigene pädagogische Vorstellungen haben. Unterschiedliches Arbeiten innerhalb derselben Einrichtung kann die Folge sein und zur Verwirrung von Eltern und Kindern führen (Kap. 2.1).

Die mit der Entwicklung des Situationsansatzes seit den siebziger Jahren entwickelten „dialogischen Konzepte" (Irskens/Preissing o.J., Kronberger Kreis 1998), die die pädagogische Qualität von einer offenen und „herrschaftsfreien" Kommunikation im Team abhängig machen, betonen die Wichtigkeit der Einbeziehung aller Teammitglieder in die einzelnen Qualitätsbestimmungsprozesse. Allerdings wird in diesen Modellen nicht geklärt, wie verfahren werden soll, wenn einzelne Teammitglieder unterschiedlicher Auffassung sind. Die eingeforderte „Freiwilligkeit" und die Überbetonung der Beziehungsebene im Team kann zu einer Gefährdung des Qualitätsdefinitions- und Umsetzungsprozesses führen (Kap. 2.2).

Das „empirisch-normative Konzept" von Tietze (1998) zielt darauf ab, die Praxis der Kindertageseinrichtungen auf Qualitätsstandards zu verpflichten, die mit Hilfe von Befragungen und wissenschaftlichen Untersuchungen gewonnen werden. Eine aus dem Amerikanischen übernommene und an deutsche Verhältnisse angepasste KindergartenEinschätzSkala (KES) soll die Qualität in Einrichtungen überprüf- und quantifizierbar machen. Eine Orientierung an fachlichen Grundstandards ist heute angesichts einer immer differenzierter werdenden Landschaft an Kindertageseinrichtungen sicher unverzichtbar. Jedoch können solche Standards nicht die Interessen der konkret Beteiligten vor Ort erfassen; sie müssen allgemein bleiben und reichen deshalb nie aus, um eine „optimale" Qualität zu erzielen (Kap. 2.3).

Das „organisationale Konzept" der DIN ISO EN 9000 ff. geht von einem Qualitätsbegriff aus, der die Interessen und Wünsche der Kunden in den Vordergrund stellt. Kindertageseinrichtungen müssen demnach Strukturen schaffen, die die Erfüllung dieser Erwartungen gewährleisten. Formalen und strukturellen Fragen wird in diesem Konzept endlich die ihnen gebührende Aufmerksamkeit eingeräumt, allerdings deutlich zu Lasten inhaltlicher und damit pädagogischer Fragen. Die Gefahr besteht hier, dass nur die oberflächlich erkennbaren Interessen und Wünsche der Eltern (z. B. bezüglich der Öffnungszeiten, der vorschulischen Förderung etc.) aufgegriffen und befriedigt, wichtige pädagogische Kernprozesse aber außer Acht gelassen werden (Kap. 2.4).

2.1 Das „individualistisch-normative Konzept": Qualität als persönliche Qualität

Seit den Anfängen der Kindergartenpädagogik haben sich die dort tätigen Kindergärtnerinnen und Erzieherinnen um eine gute Pädagogik bemüht. Sicher gibt es kaum einen pädagogischen Bereich, in dem die Beschäftigten eine solche Fülle von Fort- und Weiterbildungsanstrengungen unternommen haben, um ihre Arbeit kontinuierlich zu verbessern. Trotzdem war bis in die sechziger Jahre des 20. Jahrhunderts hinein die Frage der Qualitätsverbesserung kein Thema innerhalb der Fachdiskussion. Erklärt werden kann dies damit, dass die erzieheri-

Die Kindertageseinrichtung

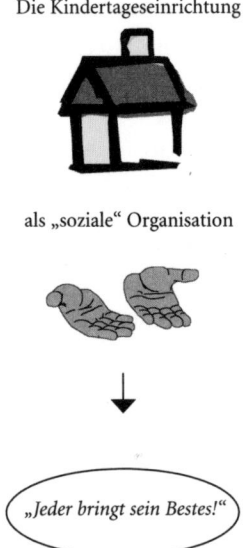

als „soziale" Organisation

↓

„Jeder bringt sein Bestes!"

Abb. 1: Die Kindertageseinrichtung als „soziale" Organisation

sche Aufgabe nicht als eine allgemeine und professionelle, sondern als eine eher individuelle und persönliche Leistung der einzelnen Erzieherin verstanden wurde. Ihre Aufgabe bestand darin, eine persönliche Maximalleistung zu erbringen; das hieß, sich selbst als Person in den Erziehungsprozess einzubringen und diesen nach bestem Wissen und Gewissen zu gestalten.

Ziele wurden meist nur sehr abstrakt geplant und eingefordert – oder gar nicht erst aufgestellt. Die kritische Frage nach dem Erreichten tauchte nicht auf. Jede einzelne Mitarbeiterin entwickelte eigene Verhaltensnormen und musste letztlich gegenüber sich selbst Rechenschaft ablegen, ob sie unter den gegebenen Ressourcen auch wirklich das Mögliche getan hatte.

Entstanden war dieses Denken im Zeitalter der „Reformpädagogik" (1880–1920). Es betonte den individuellen und persönlichen

18

Charakter in der Pädagogik in besonderer Weise. Mit der damals vollzogenen Entdeckung der Besonderheit kindlicher Verhaltensweisen, die nur der verstehen könne, der Kinder „liebt", traten rationale Konzepte, die die Wirkungen der Kindererziehung wissenschaftlich erforschen wollten, in den Hintergrund. Die Bedeutung der individuellen „Beziehung" zum Kind wurde entdeckt und zur Voraussetzung für pädagogisches Handeln gemacht.

Nohl (1933) hat diese neue Form der Erziehung wesentlich geprägt:

Die Grundlage der Erziehung ist also das leidenschaftliche Verhältnis eines reifen Menschen zu einem werdenden Menschen, und zwar um seiner selbst willen, dass er zu seinem Leben und seiner Form komme. (Nohl 1933, S. 134).

In Anlehnung an das Bild von der Mutter, die ihr Kind nicht vernunftgemäß, sondern ganz intuitiv erzieht, wurde jetzt die „Liebe" des Erziehers zum Zögling als die unabdingbare Voraussetzung für jeden erzieherischen Prozess gefordert. Aufgabe der Erzieherin war es dabei, sich in das Kind einzufühlen und ein emotionales Band zu knüpfen, vor dessen Hintergrund dann eine erzieherische Einflussnahme möglich wurde. Erziehung wird damit als eine Individualpädagogik konstruiert, in der die einzelne Erzieherin die Aufgabe erhält, eine ganz persönliche Beziehung zum Kind aufzubauen. Damit dieser „pädagogische Bezug" entstehen konnte, musste die Erzieherin „Liebe und Halt", das Kind „Vertrauen und Offenheit" in die Beziehung mit einbringen.

Die erzieherische Aufgabe in einer Kindertageseinrichtung ist immer eine gemeinsame.

Generationen von Erzieherinnen haben ihren Auftrag, Kinder im Kindergarten zu betreuen, auf diese individualpädagogische Weise verstanden und ausgeübt. Und sie sind wie selbstverständlich davon ausgegangen, dass jede Erzieherin ihr eigenes pädagogisches (und damit normatives) Grundverständnis entwickeln müsse. Vielleicht ist der Kindergarten deshalb auch zum Gruppenkindergarten geworden, in der in jeder Gruppe jeweils das geschieht, was die einzelne Gruppenerzieherin für richtig hält. „Jeder bringt sein Bestes" ist so zum Motto unzähliger Teams geworden.

Natürlich hat dieser Appell nach wie vor nichts von seiner Bedeutung verloren – welche Qualität könnte Erziehung schon haben, wenn sie nicht auf dem persönlichen Engagement jeder einzelnen Erzieherin basieren würde. Die Gefahr besteht lediglich darin, dass man diese Aussage „absolut" versteht. In diesem Falle wird es den Erzieherinnen unmöglich, zusammen mit den Kolleginnen in einer Einrichtung eine gemeinsame Qualität zu entwickeln, die auch nach dem Wechsel einzelner Teammitglieder erhalten bleibt. Die erzieherische Aufgabe darf also nicht nur als eine vorwiegend individuelle interpretiert werden, bei der sich jede Erzieherin nur vor sich selbst verantworten kann und muss. Sie ist auch eine gemeinsame, bei der es gilt, sich untereinander zu verständigen!

Ein solches individuelles Konzept führt auf Dauer dazu, dass in Einrichtungen nicht nur die individuellen Stärken, sondern auch die Schwächen einzelner Mitarbeiterinnen deutlich werden. So kann es dazu kommen, dass in ein und derselben Einrichtung Gruppen vollkommen unterschiedlich geführt werden, einmal partnerschaftlich und offen, einmal unfreundlich und zwanghaft.

Beispiel:

Im Kindergarten ist es heiß, die Erzieherinnen der Mäusegruppe haben im Garten das Planschbecken aufgestellt und einige Sonnenschirme aufgespannt. Die Kinder tollen in Badekleidung herum, spritzen mit Wasser und sind glücklich. Zur gleichen Zeit befinden sich die Kinder der Spatzengruppe im abgedunkelten Gruppenraum. Die Erzieherinnen dort sind der Ansicht, dass es draußen zu heiß ist und erlauben ihren Kindern nicht, zu den anderen hinauszugehen.

Eine pädagogische Grundhaltung auf der Basis professioneller Kompetenz ist unverzichtbar.

An diesem Beispiel wird klar, dass unterschiedliche erzieherische Verhaltensweisen zu Spannungen führen und die Gefahr der Spaltung in sich bergen können. Die Frage ist nicht nur: „Wer hat hier Recht?", sondern auch: „Wie kann man solche Differenzen den Kindern und Eltern gegenüber plausibel machen?"

Natürlich spielt auch heute die Individualität der einzelnen Erzieherin eine wichtige, wenn nicht sogar herausragende Rolle. Denn von ihr wird erwartet, dass sie dem Kind eine Grundhaltung entgegenbringt, die von emotionaler Wärme, Akzeptanz und Empathie getragen wird. Dieser Kern pädagogischer Arbeit basiert auf den persönlichen Eigenschaften jeder einzelnen Erzieherin und ist nur schwer beeinfluss- oder trainierbar. Deshalb wählen heute gute Fachschulen ihre Studierenden in einem persönlichen Gespräch aus. Darüber hinaus muss aber der Erwerb „überindividueller", d. h. professioneller Verhaltensweisen erwartet werden. Wie solche Verhaltensweisen aussehen könnten, hat die Nationale Vereinigung für Kindererziehung in den Vereinigten Staaten (NAEYC) mit ihren Tausenden von Mitgliedern diskutiert und in verschiedenen Standards zusammengestellt. Der im Folgenden zitierte Teil A beschreibt die professionellen Anforderungen, die an die Interaktion zwischen Personal und Kindern gestellt werden.

■ Die Erzieherinnen haben häufigen Kontakt mit den Kindern. Sie drücken ihren Respekt und ihre Zuneigung den Kindern gegenüber während des Tages durch Lächeln, Berührungen, Festhalten und Sprechen aus, besonders aber wenn die Kinder kommen oder gehen und bei sehr kleinen Kindern beim Wickeln oder Füttern. Das Personal sucht aktiv das Gespräch mit den Kindern.

■ Die Erzieherinnen sind für die Kinder verfügbar und reagieren auf ihre Wünsche; sie ermutigen sie, Erfahrungen, Ideen und Gefühle zuzulassen; sie hören ihnen aufmerksam und mit Respekt zu, das Personal achtet auf die Aktivitäten aller, auch wenn es sich gerade mit einer kleineren Gruppe beschäftigt. Die Betreuer positionieren sich in einer strategisch günstigen Position und schauen oft von ihrer Beschäftigung auf.

■ Die Erzieherinnen sprechen mit den Kindern freundlich, positiv und höflich, sie unterhalten sich häufig mit den Kindern, stellen offene Fragen und sprechen meistens mit einzelnen Kindern. Das

Personal bezieht die Kinder in Konversationen ein, es beschreibt Aktionen, Erfahrungen und Vorkommnisse; Kommentare und Vorschläge der Kinder werden angehört und beantwortet. (NAEYC 1991, S. 18, eigene Übersetzung)

Unschwer ist hier zu erkennen, dass unklare Begriffe, wie etwa „Liebe", im Rahmen der Fachsprache nicht auftauchen. Bevorzugt wird die Formulierung eindeutiger Handlungsanweisungen. Nicht große Worte sind erforderlich, wenn es darum geht, Kinder in Tageseinrichtungen zu betreuen, sondern konkrete Handlungen – ganz davon abgesehen, dass es eine heillose Überforderung bedeuten würde, wenn eine Erzieherin alle ihre vielen Kinder „lieben" müsste. Sie muss lediglich fähig sein, diesen Kindern ein gewisses Maß an mitmenschlicher Wärme und Freundlichkeit entgegenzubringen und sie in ihrer Entwicklung zu unterstützen.

2.2 Das „dialogische Konzept": Pädagogische Qualität als Teamqualität

Bereits seit den siebziger Jahren, insbesondere im Zusammenhang mit der Erprobung des Situationsansatzes, spürten Teams zunehmend, dass eine ausschließlich individuell gestaltete pädagogische Qualität nicht professionell sein kann. Sie begannen deshalb damit, gemeinsame Konzeptionen zu entwickeln. Diese sollten wichtige Aussagen über gemeinsame Ziele und Vorgehensweisen enthalten und so der Organisation eine gewisse Stabilität verleihen. Allerdings stand die individuelle Persönlichkeit gegenüber der Gesamtorganisation weiterhin im Vordergrund. Mittels Teamsitzungen, die ganz bewusst die Problematik der zwischenmenschlichen Beziehungen einschließen sollten, glaubte man aber, ein Verfahren gefunden zu haben, das geeignet schien, die persönlichen Unterschiede ab- und Gemeinsamkeiten aufzubauen.

Das methodische Modell „zur Erstellung eines pädagogischen Kon-

Wie verbindlich ist eine pädagogische Konzeption?

zepts im Team" von Irskens/Preissing (o. J.) ist beispielhaft für die hier angeführte Denkweise. Die Autorinnen legen nämlich eine sehr schlüssige Vorgehensweise zur Konzeptionsentwicklung im Team vor. Die vorgestellte Mustergliederung einer Einrichtungskonzeption ist außergewöhnlich klar konzipiert und leicht nachvollziehbar. Teams erhalten damit eine gute Arbeitsgrundlage für die Entwicklung eines gemeinsamen pädagogischen Qualitätsverständnisses.

Ein wichtiges Problem ihres dialogischen Ansatzes wird allerdings in ihrer Darstellung nur knapp thematisiert: die Frage nach „der Verbindlichkeit pädagogischer Konzepte".

Immer dort, wo die gemeinsame Arbeit der Kolleginnen schwierig und konfliktreich ist, kommen in besonderer Brisanz die Fragen nach den erlaubten Unterschieden und den notwendigen Gemeinsamkeiten in der pädagogischen Arbeit auf. Auch die Frage danach, ob ein Konzept allgemein gültig sei und übergreifend oder ob es auf die konkrete Situation der Gruppe und der Einrichtung eingehe. Dahinter steckt oft die Frage, ob durch die Formulierung der pädagogischen Konzeption die Gemeinsamkeiten im Team festgeschrieben werden können. (ebd., S. 32)

Bei der Lösung dieser Frage gehen Irskens/Preissing davon aus, dass ein gutes Team immer versuchen wird, im gemeinsamen Gespräch konzeptionelle und praktische Fragen einvernehmlich zu klären. Dort, wo dies aber nicht möglich ist, werden zwei Lösungen angeboten: einerseits soviel Freiheit für die einzelne Erzieherin wie möglich, andererseits aber soviel Gemeinsamkeit, wie aus pädagogischen Gründen nötig.

„Unerlässliche Gemeinsamkeiten" werden folgerichtig für drei Bereiche gefordert. Es sind dies:
– die „Gemeinsamkeit mit der Kollegin in der Gruppe"
– die Grundsätze bezüglich „der Nutzung von gemeinsamen Innen- und Außenräumen" und
– die „Absprachen über das Verhalten den Kindern gegenüber beim gemeinsamen Aufenthalt draußen, bei gemeinsamen Außenaktivitäten und in der Mittagszeit" (ebd., S. 32).

Wo beginnt, wo endet die erzieherische Freiheit der einzelnen Erzieherin?

Die Herstellung von „Verbindlichkeit" wird dabei als ein dynamischer Prozess betrachtet. Stets aufs Neue soll diskutiert werden, was gelten soll. Diese Vorgehensweise erscheint grundsätzlich richtig, doch wird damit aber die Frage nicht beantwortet, auf welche Weise in einem Team Entscheidungen herbeigeführt werden und welche Funktion in diesem Prozess die Leiterin hat.

Es ergibt sich immer wieder die Frage, wo die Grenze der Freiheit pädagogischen Handelns ist und wer diese festsetzt. Ist es die Leiterin, die ihr Konzept durchsetzt, die alles in der Hand hat und kontrollieren kann? Oder will ich mich selbst (als Teammitglied) mit meinem Konzept in meiner Eigenständigkeit behaupten? Werden meine konzeptionellen Vorstellungen anerkannt, oder fallen sie einfach unter den Tisch? (ebd., S. 33)

Aufgrund der Offenheit dieses Konzeptes besteht die Gefahr, dass die Frage nach der „Verbindlichkeit" des gemeinsamen pädagogischen Handelns ungeklärt bleibt und damit wiederum ins Belieben der einzelnen Mitarbeiterin gestellt wird. Was gemeinsam umgesetzt werden kann, soll nach Irskens/Preissing durch die Analyse des „Standbilds" (ebd., S. 32) eines Teams geklärt werden, d. h. von den Beziehungen

Individuelle Konzepte und Vorstellungen   Verbindliche pädagogische Konzeption

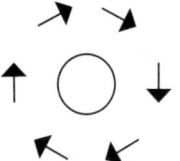   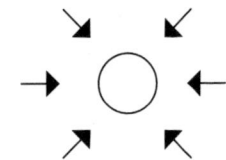

Gute Beziehungen als Basis für die
Zusammenarbeit

Gemeinsame Ziele als Basis für die
Zusammenarbeit

Abb. 2: Individuelle Konzepte und verbindliche Konzeption

der Teammitglieder zueinander. Sind diese gut, so kommt es zu hohen Gemeinsamkeiten, sind sie weniger gut, dann arbeitet eben jeder so, wie er es für richtig hält.

Damit bleibt die pädagogische Qualität stets abhängig vom momentanen „Beziehungs"-Stand eines Teams. Dies kann zu großen Qualitätsunterschieden in derselben Einrichtung führen. Eine Konzeptionsbildung auf dieser Grundlage dient durchaus der gemeinsamen Willens- und Bewusstseinsbildung und bleibt unverzichtbar. Sie kann aber die Umsetzung der gemeinsamen Ziele durch alle Mitarbeiterinnen nicht garantieren. Dies ist jedoch eine Forderung, die heute von außen an die Kindertageseinrichtungen herangetragen und eingeklagt wird.

Insgesamt ergibt sich, dass der Ansatz von Irskens/Preissing erkennbar über den klassischen individuellen Qualitätsansatz hinausführt. Die Bedeutung des Teams und der im Team ablaufenden Kommunikationsprozesse werden klar erkannt, deshalb wird auch zu Recht einer autoritären Teamführung eine Absage erteilt. Gemeinsam sollen die Teammitglieder über Qualität diskutieren, diese konzeptionell festlegen und dann praktisch umsetzen. Der gemeinsame Dialog wird so zum Instrument der Qualitätsentwicklung und -sicherung. Allerdings reicht dieses Instrument, wie wir heute wissen, allein noch nicht aus. Die konzeptionelle Gemeinsamkeit aufgrund eines offenen und andauernden Dialogs kostet nicht nur viel Zeit, die heute meist nicht mehr zur Verfügung steht. Sie garantiert auch noch keine gemeinsame Umsetzung. Zu unterschiedlich sind oftmals die Vorstellungen der einzelnen Mitarbeiterinnen, wenn es um die konkrete Praxis geht. Dabei machen moderne Formen der pädagogischen Arbeit, wie z. B. offenes Arbeiten, flexible Öffnungszeiten und vielfältige übergreifende Dienste klare und verbindliche, gruppenübergreifende Absprachen zunehmend erforderlich.

Ein gemeinsamer Dialog reicht zur Festlegung von Qualität nicht aus.

Auch das vom Kronberger Kreis (1998) vorgelegte Modell „Qualität im Dialog entwickeln" geht unter Bezugnahme auf den Situationsansatz von einem dialogischen Grundverständnis des Qualitätsmanagements aus. Demnach ist es nicht möglich, eindeutig und bestimmt anzugeben, welche Standards wie in der Praxis umgesetzt werden sollen, vor allem dann nicht, wenn man sich im Team eine „pädagogische Praxis bester Qualität" zum Ziel setzt, die „inhaltlich immer wieder neu gefasst werden" (ebd., S. 19) muss:

> *Es führt darum auch nicht sehr weit, wenn man Qualität einfach begrifflich zu bestimmen, zu definieren oder zu setzen versucht, und die Qualitätsmesslatten oder Taxonomien (und entsprechende methodische Erhebungs- und Einschätzungsraster oder -skalen) erfindet, bleibt man dabei doch einer eindimensionalen Außensicht verpflichtet, die dem interrelativen, kaleidoskopischen Charakter pädagogischer Praxis grundsätzlich nicht gerecht wird. Abgesehen davon, wird man mit einseitigen normativen Qualitätsbestimmungen und Untersuchungsrichtungen (…) den Anforderungsdruck für die Erziehungspraxis nur verstärken und unkontrollierbare Abwehrreaktionen bei den Beobachtern hervorrufen.* (ebd., S. 19)

Im Gegensatz zum Konzept von Irskens/Preissing werden aber nicht nur formale Vorgaben für die gemeinsame Entwicklung pädagogischer Qualitätsstandards gemacht. Der Kronberger Kreis tritt mit „Anregungen" an die Fachpraxis heran: er stellt Qualitätsvorgaben zur Diskussion. Diese sollen „beste Fachpraxis kennzeichnen" und können „unseres Erachtens mit guten Gründen, die wir freilich im einzelnen nicht darlegen, als zentrale Qualitätsstandards gelten" (ebd., S. 24). Diesen Standards, die Prozess- und Strukturvariablen enthalten, werden „orientierende Untersuchungsfragen und konkrete Praxis-Indikatoren" zugeordnet, die dann die kritische Selbstbeobachtung und die Reflektion im Handlungsvollzug fördern sollen.

Allgemeine Qualitätsstandards können als Diskussionsgrundlage dienen.

Das folgende Beispiel veranschaulicht den Aufbau eines solchen Qualitätsstandards:

PPQ 2 Entwickungsfördernde Gestaltung von Beziehungen

Die pädagogischen Prozesse fördern die Selbständigkeit, die Gemein-schaftsfähigkeit und die Solidarität der Kinder. Sie setzen an den beste-henden Bindungserfahrungen der Kinder an und entwickeln diese wei-ter. Dabei achten die Fachkräfte auf bestehende individuelle, soziale und kulturelle Unterschiede, deren Integration in einem Ganzen sie je-doch zugleich anstreben.

Werden pädagogische Prozesse grundsätzlich so arrangiert, dass sie kindlichen Bemühungen um Selbständigkeit Zeit und Raum geben und sie aktiv fördern?

Kinder können Spiele und Materialien ohne die Hilfe von Erwachsenen erreichen und auswählen.

Kinder werden ermuntert, alltagspraktische Tätigkeiten möglichst selb-ständig auszuführen (z. B. Tischdecken, Anziehen, Blumengießen etc.).

Die tägliche Zeitgestaltung orientiert sich an den Bedürfnissen und am Tempo der Kinder.

Die Angebote der Fachkräfte berücksichtigen grundsätzlich die kindli-chen Interessen und Bedürfnisse in ihren vielfältigen Ausdrucksformen.

Kinder haben in der ganzen Einrichtung Spielräume und Bewegungs-freiheit. Sie können Rückzugsmöglichkeiten frei wählen. (Kronberger Kreis 1998, S. 33)

Die so dargelegten Standards sollen nun der Praxis als Diskussions-grundlage dienen. Dazu werden einige Vorschläge allgemeiner Art ge-macht. So sollen Teams etwa eine „Selbstuntersuchung" durchführen, um den Stellenwert der Qualitätsdebatte überhaupt zu klären. Außer-dem sollen Gespräche im Team geführt oder Arbeitskreise gegründet werden, in denen man sich mit ausgewählten Themenstellungen be-fasst. Einrichtungen, die den Qualitätskatalog systematisch durch-arbeiten wollen, wird vorgeschlagen, sich zunächst kritisch mit dem Verständnis von Qualitätsentwicklung auseinanderzusetzen und dann die einzelnen Dimensionen zu diskutieren:

Verwenden Sie die einzelnen Abschnitte jeweils als Hilfe zu einer detaillierten Untersuchung Ihrer eigenen Praxis: Sie gehen die einzelnen Fragen durch und überprüfen mit Hilfe der Indikatoren, was in Ihrer eigenen Praxis der Fall ist. Sie diskutieren und bewerten Ihren Befund und halten fest, ob und in welchem Umfang die Qualitätsmerkmale in Ihrer Einrichtung vorhanden sind. Anschließend bestimmen Sie die hauptsächlichen Problembereiche und beschreiben mögliche Ursachen. Sie suchen nach Veränderungsmöglichkeiten und entwickeln, wie Sie Ihre neuen Ziele erreichen wollen. Im Verlauf dieses Prozesses ergänzen und präzisieren Sie die im Konzept der Kronberger Qualitätsentwicklung formulierten allgemeinen bzw. speziellen Qualitätsstandards und entwickeln so ein auf Ihre Einrichtung zugeschnittenes spezielles Konzept von Qualität. (Kronberger Kreis 1998, S. 95f.)

Natürlich wird in diesem Modell der einzelnen Einrichtung auch zugestanden, eigene Qualitätsstandards zu entwickeln und so den Bedingungen vor Ort Genüge zu leisten. Zu Recht werden hier die dargestellten Standards relativiert, denn die AutorInnen wollen diese lediglich als Anregungen verstanden wissen (ebd., S. 25). Und zu Recht weisen sie immer wieder darauf hin, dass nur durch die Einbeziehung und Beteiligung aller Teammitglieder Qualitätsbewusstsein und -entwicklung entstehen können.

Der eigentliche Qualitätsentwicklungsprozess, der dann vorgeschlagen wird, bleibt jedoch eher unbestimmt.

Qualität im Kontext pädagogischer Praxis ist im wesentlichen von den beteiligten Personen abhängig. Eine Qualitätsforschung und -entwicklung kann also nur gelingen, wenn sie von den Beteiligten, von den Fachkräften selbst gewollt wird. Am Anfang jeder Qualitätsentwicklung wird also die Überlegung stehen, ob man mit dem Thema überhaupt etwas anfangen kann, wie man dazu steht und ob man es u.U. anpacken will. (ebd., S. 93)

Eine solche Perspektive, bei der die Mitarbeiterinnen vor Ort entscheiden, inwieweit sie sich auf die Qualitätsdebatte einlassen wollen oder nicht, muss für die betroffenen Eltern, Kinder und den Träger einer Einrichtung unbefriedigend sein. Qualität wird hier zu sehr ins Belieben der einzelnen Kindertageseinrichtung gestellt. Die Weiterentwicklung von Qualität in einer Einrichtung davon abhängig zu machen, „ob man (im Team, P. E.) mit dem Thema überhaupt etwas anfangen kann" (ebd., S. 93), übersieht die Tatsache, dass jedes Team bereits aus rechtlichen Gründen zur Erbringung von Qualität verpflichtet ist.

> Die Dynamik im Team muss durch die Leiterin konstruktiv gesteuert werden.

Außerdem wird, ähnlich wie bei Irskens/Preissing, zu wenig deutlich gemacht, wie man sich innerhalb des Teams verständigen soll. Nicht thematisiert wird nämlich die in den meisten Einrichtungen vorhandene Dynamik zwischen motivierten und weniger motivierten, zwischen starken und schwachen Mitarbeiterinnen. Konflikte und Meinungsverschiedenheiten in einem Team lassen sich nicht allein über den Dialog und die gemeinsame Reflektion lösen. Und die Leiterinnen bleiben in diesem Konzept mit der Frage allein gelassen, wie es gelingen kann, einrichtungseigene Qualitätsstandards in einem kommunikativen Prozess nicht nur zu diskutieren, sondern auch festzulegen und deren Umsetzung gegenüber den Nutzern zu garantieren.

2.3 Das „fachlich-normative Konzept": Gleiche Qualitätsstandards in allen deutschen Kindergärten

Ausgehend von der provokativen Fragestellung „Wie gut sind unsere Kindergärten?" (Tietze 1998) hat Wolfgang Tietze mit seinen Mitarbeiterinnen zahlreiche Kindergärten mit Hilfe eines in den USA entwickelten und auf deutsche Verhältnisse angepassten Testinstrumentariums (KES = KindergartenEinschätzSkala, Tietze/Schuster/Roßbach 1997) untersucht und auf erhebliche Qualitätsunterschiede und -defizite zwischen den einzelnen Einrichtungen hingewiesen. Nach seinem Urteil liegt die pädagogische Prozessqualität in den deutschen Kindergarten-gruppen, die er mit verschiedenen Messverfahren erhoben hat, auf die hier nicht eingegangen werden soll, „– auch nach einem Vierteljahrhun-dert Kindergartenreform – lediglich im Bereich gehobener Mittel-mäßigkeit" und „bedarf dringend der Verbesserung" (ebd., S. 337).

Diese Verbesserung kann nun nach Tietze nicht durch individuelle Anstrengungen der einzelnen Einrichtungen oder durch „Praxiskam-pagnen" erreicht werden, sondern muss „explizit organisiert" (ebd., S. 372) werden. Folgende Schritte sind demnach erforderlich:

1. Festlegung eines Gremiums, das als Träger der Konsensbildung über Qualitätsstandards fungiert (berufsständische Vertretungen, Bundesarbeitsgemeinschaft freier Wohlfahrtspflege, Bundesminis-terium oder alle zusammen);
2. Herausarbeitung von zentralen Qualitätsaspekten und Definition fachlicher Standards unter Berücksichtigung pluraler Pädagogikan-gebote;
3. Überprüfbarmachen der Qualitätsstandards durch die Definition von klaren Beobachtungskategorien;
4. Entwicklung eines Verfahrens zur Selbst- und Fremdevaluation als Element eines Zertifizierungsverfahrens (Tietze 1998, S. 372–375).

Qualität für alle durch Orientie-rung an fach-wissenschaftli-chen Standards?

Nach Tietze sollen sich in Deutschland alle Kindertagesein-richtungen auf Dauer an den gleichen grundlegenden Qua-litätsstandards oder -normen orientieren, die „gemeinsam" per Willensbeschluss festgelegt werden, die aber, und da-rauf wird besonderer Wert gelegt, zudem „an wissenschaft-liche Erkenntnis und fachliche Expertise" (S. 373) rück-gebunden werden. Als Katalog möglicher fachlicher Standards schlägt er die „KindergartenEinschätzSkala" (Tietze/Schuster/Roß-bach 1997) vor. Auf Dauer sollen dann nur noch Kindergärten mit „Gütesiegel" öffentliche Zuschüsse erhalten dürfen.

Die insgesamt 37 Standards der KindergartenEinschätzSkala (KES) sind so angelegt, dass jeweils bestimmte beobachtbare Qualitätsmerk-male eines Standards einer bestimmten Punktzahl zugeordnet werden können. Erfüllt eine Einrichtung alle Qualitätsmerkmale, erhält sie dafür 7 Punkte, erhält sie weniger als 3 Punkte, dann erfüllt sie den betreffenden Standard nicht.

„Standard 29: Freispiel

Unzureichend: 1   *Entweder wenig Möglichkeiten für Freispiel oder größter Teil des Tages wird in unbeaufsichtigtem Freispiel verbracht. Spielzeug, Spiele und Ausstattung für Freispiel ungeeignet.*

Minimal: 3   *Gewisse Möglichkeiten für Freispiel, eher gelegentliche Beaufsichtigung unter Sicherheitsgesichtspunkten. Freispiel wird nicht als pädagogische Möglichkeit gesehen (z. B. Erzieherinnen lassen Möglichkeiten ungenutzt, Kinder beim Umgang mit Konflikten zu helfen, das Sprechen der Kindern über ihre Aktivitäten anzuregen, Anregungen zur inhaltlichen Bereicherung des kindlichen Spiels zu geben).*

Gut: 5   *Spielzeug, Spiele und Ausstattung sind abwechslungsreich und in ausreichender Anzahl vorhanden. Regelmäßige Beaufsichtigung durch Erzieherinnen. Freispiel ist für mehrere Abschnitte des Tages vorgesehen.*

Ausgezeichnet: 7   *Zusätzlich zu 5: Reichliche Möglichkeiten für beaufsichtigtes Freispiel außen und innen bei großer Vielfalt von Spielzeug, Spielen und Ausstattung. Beaufsichtigung wird für pädagogische Interaktionen genutzt. Neues Material/neue Erfahrungen für Freispiel kommen immer wieder hinzu."*

(Tietze/Schuster/Roßbach 1997, S. 39)

Mit seiner KindergartenEinschätzSkala und den Ergebnissen seiner Studie hat Tietze die Mitarbeiterinnen und Träger von Kindertageseinrichtungen erheblich aufgeschreckt. Damit hat die Diskussion der Qualität in Kindertageseinrichtungen zugleich Eingang in die öffentliche Diskussion gefunden. Und die Kindertageseinrichtungen tun sicher gut daran, sich mit den vorgegebenen fachlichen Standards konstruktiv auseinander zu setzen und deren Einhaltung zu überprüfen.

Fachliche Qualitätsstandards müssen mit den Erwartungen der Eltern abgeglichen werden.

Ob die Einhaltung dieser insgesamt 37 Standards allerdings wirklich genügt, um einer Kindertageseinrichtung die Note gut oder sehr gut geben zu können, muss fraglich bleiben. Dazu nehmen die Standards der KindergartenEinschätz-Skala zu wenig die konkreten Adressaten und das Umfeld der Kindertageseinrichtungen wahr. Muss sich nicht jede Einrichtung an den Gegebenheiten vor Ort orientieren und den durchaus unterschiedlichen ortsspezifischen Erwartungen, die die Interessenpartner an die Art der Bildung, Erziehung und Betreuung der Kinder haben, Rechnung tragen? Tietzes Konzept ist stark fachlich definiert und tritt normativ auf; insbesondere der im Kinder- und Jugendhilfegesetz § 22 Absatz 3 geforderte Dialog mit den Eltern und den Trägern über Qualität ist hier nicht vorgesehen. Deshalb rät z. B. die Zeitschrift „Eltern" ihren Lesern zur Vorsicht im Umgang mit Einrichtungen, die sich ausschließlich fachlich-organisatorisch orientieren: „Letztlich muss einem die Einrichtung sympathisch sein, da hilft kein TÜV-Siegel und keine Höchstnote von Professor Tietze!" (Eltern, Heft März 1999, S. 138).

Außerdem berücksichtigen die Standards der KES weder die unterschiedlichen Formen der Tagesbetreuung für Kinder und die damit verbundenen Anforderungen, vom Regelkindergarten bis zur Kindertagesstätte mit hochflexiblen Betreuungszeiten und -formen, noch die unterschiedlichen Werte, die Träger und Team in ihre Einrichtung einbringen.

Auf ein weiteres Problem seines Ansatzes hat Tietze selbst hingewiesen. Die enge Festlegung der Qualität von Kindertageseinrichtungen auf pädagogische Prozesse versperrt den Blick auf die diese bedingenden Strukturen und reicht deshalb für ein umfassendes Qualitätsmanagement nicht aus.

Eine interessante und weiterführende Perspektive könnte darin gese-
hen werden, Qualitätsfeststellungsverfahren nach Standards der Pro-
fession mit einem fachspezifisch ausgelegten Qualitätsmanagement-
system zu verbinden, und so den Einrichtungen Hilfen zu geben, wie
durch einen optimierten Organisationsaufbau und -ablauf hohe pä-
dagogische Qualität erreicht werden kann. (Tietze 1998, S. 383)

2.4 Das „organisationale Konzept" der DIN EN ISO 9000 ff.: Qualität als Kundenzufriedenheit

Die DIN EN ISO 9000 ff. genießt inzwischen eine gesamtwirtschaftli-
che Bedeutung von internationalem Rang. Ein durch Zertifizierung
offiziell nachgewiesenes und überprüftes Qualitätsmanagementsystem
nach DIN EN ISO 9000 ff. ist in vielen Wirtschafts-, aber auch in
Dienstleistungsbranchen Voraussetzung für die Vergabe von Aufträ-
gen.

Die DIN EN ISO 9000 ff. bietet ein Verfahren zum Qualitätsmanagement an, das im Unterschied zu den beiden bisher dargelegten Modellen, Qualität als Erfüllung der unterschiedlichen Anforderungen an
ein Produkt definiert. Aspekte wie „Kundenzufriedenheit"
und „Wirtschaftlichkeit" werden betont, die Anforderungen der unterschiedlichen Interessenpartner (Kunde, Mitarbeiter, Unternehmer, Gesellschaft) werden systematisch
erhoben und in den kontinuierlichen Verbesserungsprozess
einbezogen. Im Mittelpunkt steht die Qualität des „Ge-
samtprodukts" (Tagesbetreuung von Kindern), das unterschiedliche Teilleistungen enthält und das als Ganzes ge„managed"
werden muss. Ziel ist dabei, durch ein organisatorisches System, das
auf ständige Verbesserung abzielt, eine Erhöhung der Gesamtqualität
und somit die zunehmende Zufriedenheit aller Interessenpartner zu erreichen. Regelmäßige interne und externe Überprüfungen der Funk-
tionsfähigkeit des Qualitätsmanagementsystems, sogenannte „Audits",
halten dabei einen kontinuierlichen Verbesserungsprozess in Gang.

**Kindertages-
einrichtungen
müssen ihre
Leistungen
kontinuierlich
verbessern.**

Die Kindertageseinrichtung

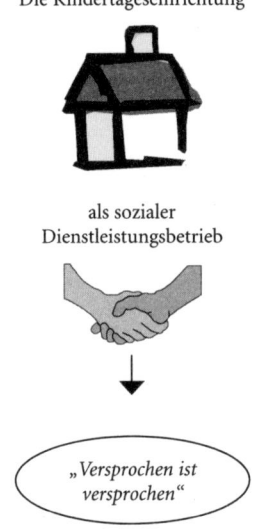

als sozialer
Dienstleistungsbetrieb

*„Versprochen ist
versprochen"*

Abb. 3: Die Kindertageseinrichtung als sozialer Dienstleistungsbetrieb

Qualitätsmanagement erfordert die Sicherung aller Prozesse.

Im Konzept selbst werden Regeln und Verfahrensweisen beschrieben, die deutlich machen, wie ein guter Betrieb – in unserem Fall die Kindertageseinrichtung – funktioniert. Wichtige Dimensionen, die speziell auf die Erbringung von Dienstleistungen eingehen, sind u. a.:

- die Verantwortung der obersten Leitung für die Qualitätspolitik der Einrichtung;
- die Sicherung der Motivation und der Weiterentwicklung des Personals;
- die kontinuierliche Feststellung von Kundenerfordernissen und -erwartungen;
- der genau darauf abgestellte Design-Prozess (Definition des pädagogischen Angebots);
- die genaue Beschreibung des Dienstleistungsprozesses;
- die Beurteilung der Dienstleistungsqualität durch den Kunden;

– die ständige Analyse und Verbesserung der Dienstleistungsausführung.

Abbildung 4 zeigt den Grundgedanken der DIN ISO EN 9000 ff.

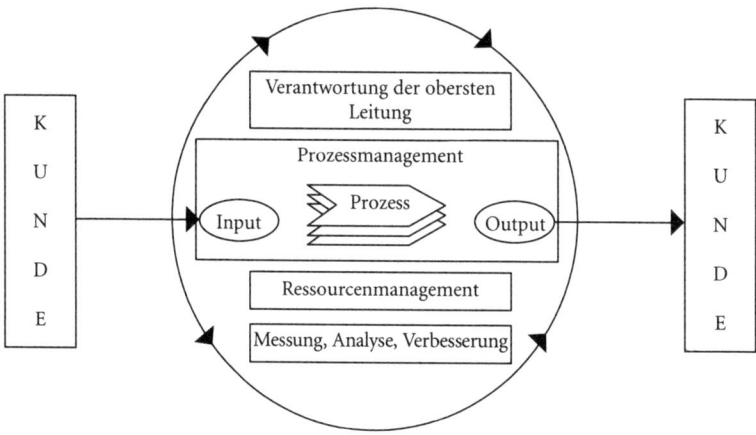

Abb. 4: Das neue Prozessmodell der DIN EN ISO 9000 ff.

Insbesondere Flaig (Colibri 1999) bietet derzeit im Bereich der Kindertageseinrichtungen ein analog zur DIN EN ISO 9000 ff. und in Zusammenarbeit mit der theologischen Fakultät der Universität Freiburg entwickeltes Verfahren an, bei dem es darum geht, deren Elemente beim Aufbau eines Qualitätshandbuches als Grundlage heranzuziehen. In der DIN EN ISO 9000 ff. sieht er ein hervorragendes Werkzeug, sowohl die Kinder und ihre Familien, als auch die individuellen und gemeinsamen Werthaltungen der Mitarbeiterinnen und Träger in den Mittelpunkt zu stellen (ebd., S. 10).

Initiiert werden soll ein gemeinsamer Prozess, in dessen Verlauf übergeordnete Ziele für die jeweiligen Einrichtungen festgelegt werden. „Diese Ziele bilden im jeweiligen Kontext eine gemeinsame Basis und ermöglichen die weitere Entwicklung von Qualität" (ebd., S. 10), welche dann mit Hilfe des Normenwerks der ISO EN 9000 ff. gesteuert werden soll. Innerhalb dieses Systems werden Kinder und Eltern mit

Hilfe von regelmäßigen Reklamations- und Beurteilungsverfahren in die Lage versetzt, die erbrachte Qualität ständig neu zu bewerten und zu überprüfen. Die Mitarbeiterinnen und der Träger verpflichten sich ihrerseits, die dabei benannten Schwächen aufzugreifen und zu beheben.

Qualität wird in diesem System durch (Regelkreis-)Verfahren gesichert. Fraglich bleibt dabei allerdings, ob eine reine „Systemorientierung" ausreicht oder nicht eher zu einer erheblichen Vernachlässigung fachlicher Aspekte, insbesondere der pädagogischen (Prozess-)Qualität führen muss. So ist im Colibri-Konzept viel von „Verfahrens-Regelungen" die Rede, an keiner Stelle aber von einer von fachlichen Normen getragenen Qualität. Wenn Qualitätsmanagement heißt, „die selbst gesteckten Ziele konsequent zu verfolgen" (ebd., S. 13), dann taucht die Frage auf, wie verhindert werden kann, dass sich die Beteiligten – zum Beispiel aus Kostengründen – auf Minimalziele verständigen. Anhand sogenannter Prozessbeschreibungen kann zwar jede Einrichtung die zentralen pädagogischen Prozesse (z. B. Projektarbeit, Elterngespräche etc.) darlegen, so dass die Mitarbeiterinnen sich fachlich daran orientieren können. Deren Qualität aber erscheint dann ausreichend, wenn die Beteiligten damit zufrieden sind. Weil diese aber unterschiedliche Erwartungen haben, müssen Qualitätsunterschiede zwischen den einzelnen Einrichtungen in diesem System die zwingende Folge sein. Einrichtungen mit hoher Qualität würde es demnach da geben, wo (bildungsstarke, wohlhabende, kritische) Eltern hohe Erwartungen haben, Einrichtungen mit niedriger Qualität dort, wo die (bildungsschwachen, ärmeren, eher gleichgültigen) Eltern wenig erwarten. Dies ist eine Zukunftsperspektive, die sozialpolitisch nicht wünschenswert ist.

Auch die in Aussicht gestellte Zertifizierung der Einrichtung durch externe Auditoren gewährleistet noch keine hohe Qualität, da hier lediglich überprüft wird, ob das eingelöst wird, was in den Leistungskatalogen beschrieben ist. Während eine solche Formalisierung im Bereich der Technik angemessen erscheint (Kunden können leicht

Das ISO-Qualitätsmanagement-Verfahren sichert noch keine hohe Fachlichkeit.

überprüfen, ob ein Auto die versprochenen Eigenschaften bietet oder nicht, und wer mehr Geld hat, kann sich ein solches mit einem höheren Maß an Qualität kaufen), müssen Vorbehalte gegen eine unreflektierte Einführung in den Bereich sozialer Dienstleistungen geäußert werden. Denn – bereits heute ist festzustellen, dass sich viele Einrichtungen, die ein Qualitätsmanagement nach der DIN EN ISO 9000 ff einführen, nur oberflächlich verändern. Dies belegt auch die Tatsache, dass die Kritik an Pflegemängeln im Altenheimbereich seit der flächendeckenden Einführung der ISO-Kriterien eher zu- als abgenommen haben.

Die Einführung eines Qualitätsmanagementsystems darf also nicht nur formal bleiben. Mit dessen Hilfe sollte auch erreicht werden, dass die fachlichen Kernprozesse in einer Einrichtung, d. h., hier vor allem die pädagogische Arbeit mit den Kindern, ständig verbessert werden.

3 Das KitaManagementKonzept

Das KitaMana-
gementKonzept
berücksichtigt
alle wesentli-
chen Qualitäts-
aspekte.

Das in diesem Kapitel vorgestellte **KitaManagementKon-zept** bietet eine umfassende theoretische Perspektive und einen praktischen Zugriff auf die Weiterentwicklung der Gesamtqualität einer Einrichtung. Es erlaubt, die verschiedenen Qualitätsaspekte nicht nur individuell zu identifizieren und zu entwickeln, sondern auch aufeinander zu beziehen. Die Konzeption einer Einrichtung kann so orientiert an den Interessen der einzelnen Partner ausgerichtet und ein fachliches Profil entwickelt werden. Das **KitaManagementKonzept** zeigt zugleich Stärken und Schwächen einer Einrichtung auf und benennt und behebt deren Ursachen.

Das **KitaManagementKonzept** eröffnet allen Beobachtern von Kindertageseinrichtungen Erkenntnis- und damit zugleich Handlungsmöglichkeiten. Insbesondere den Leiterinnen, die ihre Einrichtungen besonders gut kennen, ermöglicht es so, nicht nur vorhandene Stärken auszubauen, sondern auch mögliche Schwachpunkte zu erkennen und Abhilfe zu schaffen.

Ausgehend von der Diskussion der verschiedenen Modelle in Kapitel 2 werden zunächst die drei grundlegenden Dimensionen der Qualität von Kindertageseinrichtungen vorgestellt, die es im Rahmen des **KitaManagementKonzepts** zu beeinflussen gilt: Es sind dies die Dimension der Interaktion der Interessenpartner, die Dimension der strukturellen Klarheit der Organisation und die Dimension der Fachlichkeit (Kap. 3.1). Eine Ausdifferenzierung dieser Dimensionen erlaubt dann die Identifizierung weiterer Teilaspekte, die die Gesamtqualität einer Kindertageseinrichtung ausmachen. Die einzelnen Interessenpartner einer Kindertageseinrichtung werden vorgestellt, ebenso wie die grundlegenden Elemente einer Organisation und die unterschiedlichen Aspekte der Fachlichkeit. Insgesamt ergibt sich so ein klares Gesamtmodell der Elemente, die es im Rahmen eines am **KitaManagementKonzept** orientierten Qualitätsmanagements zu beeinflussen gilt (Kap. 3.1). Schließlich werden die einzelnen Teilaspekte je einzeln dargestellt und bezüglich ihrer Bedeutung für die Gesamtqualität einer Kindertageseinrichtung ausgeführt (Kap. 3.2). Abschließend werden dann die beiden wichtigsten Managementaufgaben im **KitaManagementKonzept** vorgestellt: den Leiterinnen von Kindertageseinrichtungen muss es zum einen gelingen, allen drei Qualitätsdimensionen gleichrangig Rechnung zu tragen. Zum anderen müssen sie lernen, die im Management- und Leistungserbringungsprozess auftauchenden Schwierigkeiten und Störungen als „Differenzen" zu betrachten, die Hinweise für Korrektur- und Weiterentwicklungsmaßnahmen geben können (Kap. 3.3).

3.1 Die drei grundlegenden Qualitätsdimensionen im KitaManagementKonzept

Die drei wesentlichen Dimensionen, die die Gesamtqualität einer Kindertageseinrichtung ausmachen, wurden in Kapitel 2 bereits aufgedeckt. Aus einer systematischen Sicht heraus handelt es sich dabei um insgesamt drei Dimensionen:

Interessenpartner, Fachlichkeit und Organisation beeinflussen die Qualität wesentlich.

1. die interaktive Dimension, die von den dialogischen Modellen (siehe Kapitel 2.2) betont wird und die auf die Bedeutung der Auseinandersetzung der am Prozess der Qualitätsentwicklung beteiligten Interessenpartner hinweist. Die Qualität der Einrichtung ist demnach umso höher, je besser es gelingt, in einem gemeinsamen Aushandlungsprozess aller Beteiligten die unterschiedlichen und sich ständig verändernden Erwartungen und Wertorientierungen zu integrieren;
2. die fachliche Dimension normativer Modelle, die sich entweder empirisch-normativ (siehe Kapitel 2.3) oder individualistisch-normativ (siehe Kapitel 2.1) begründen und die auf die Bedeutung päda-

gogisch-fachlicher Standards hinweist. Die Qualität einer Einrichtung ist demnach umso höher, je besser es den Mitarbeiterinnen einer Kindertageseinrichtung gelingt, fachliche Vorgaben zu erfüllen;

3. die organisationale Dimension der Modelle, die sich an der DIN ISO EN 9000 ff. orientieren (siehe Kapitel 2.4) und die den Prozess der Produkterstellung und Leistungserbringung in den Vordergrund stellen. Die Qualität einer Einrichtung hängt demnach davon ab, inwiefern es gelingt, transparente und klare Arbeits- und Organisationsstrukturen zu schaffen, die es erlauben, den Erwartungen und Bedürfnissen der Interessenpartner gerecht zu werden.

Ein Qualitätskonzept, das einen umfassenden Anspruch erheben will, darf sich nicht für oder gegen eine der vorgetragenen Dimensionen entscheiden. Im Gegenteil – es muss gelingen, wenn möglich alle Einflussgrößen auf die Qualität von Kindertageseinrichtungen zu identifizieren und miteinander zu verbinden.

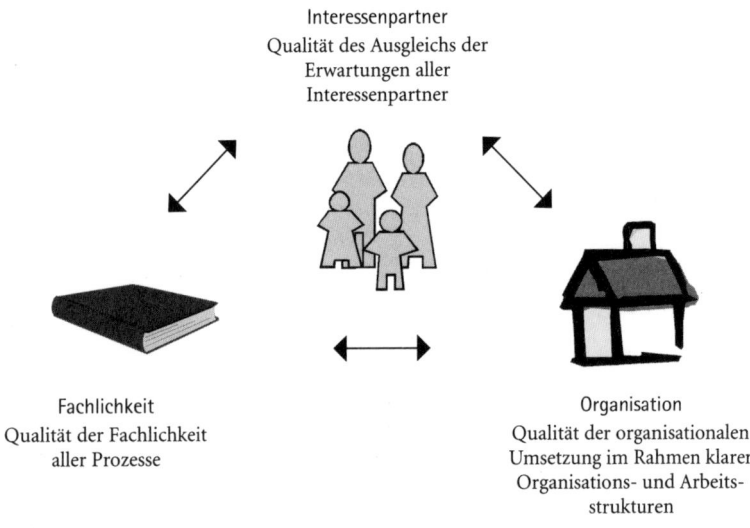

Interessenpartner
Qualität des Ausgleichs der
Erwartungen aller
Interessenpartner

Fachlichkeit
Qualität der Fachlichkeit
aller Prozesse

Organisation
Qualität der organisationalen
Umsetzung im Rahmen klarer
Organisations- und Arbeits-
strukturen

Abb. 5: Die drei grundlegenden Dimensionen der Gesamtqualität von Kindertageseinrichtungen

Sinnvoll erscheint es deshalb, alle drei Einflussgrößen, nämlich die Interessenpartner, die Fachlichkeit und die Organisation, zueinander in Beziehung zu setzen (s. Abb. 5).

Erst zusammen ergeben die drei Qualitätsdimensionen eine umfassende, dem hier vorgestellten **KitaManagementKonzept** zugrunde liegende Definition der Gesamtqualität einer Einrichtung:

> **Die Gesamtqualität einer Einrichtung ist umso höher, je besser es gelingt, die unterschiedlichen Erwartungen und Wünsche aller Interessenpartner zu vermitteln und diese im Rahmen einer optimalen Organisationsstruktur unter Einhaltung einer möglichst hohen Fachlichkeit umzusetzen.**

Beim Management von Kindertageseinrichtungen muss es also darum gehen, eine höchst mögliche Passung zwischen den drei Dimensionen zu erreichen. Tauchen Differenzen innerhalb oder zwischen den einzelnen Bereichen auf, so sind das Indizien für mangelnde Qualität. Sie müssen bearbeitet werden, damit es nicht zu Spannungen kommt, die die Gesamtqualität dauerhaft beeinträchtigen könnten.

> **Das KitaManagementKonzept will Einrichtungen mit Hilfe eines klaren Organisationskonzeptes in die Lage versetzen, den Erwartungen und Bedürfnissen der unterschiedlichen Interessenpartner bei gleichzeitiger Gewährleistung hoher fachlicher Standards Rechnung zu tragen.**

3.2 Die grundlegenden Qualitätsdimensionen und ihre Teilaspekte

Die drei grundlegenden Dimensionen sind bislang noch sehr allgemein formuliert und lassen die Managementaufgabe noch zu unbestimmt. Deshalb sollen sie im Folgenden in weitere Teilaspekte aufgegliedert werden.

3.2.1 Die Teilaspekte der interaktiven Dimension

Soziale Dienstleistungen zeichnen sich dadurch aus,

1. dass die „Kunden" nicht immer eindeutig zu identifizieren sind. So können Kinder und Eltern als Nutzer betrachtet werden, aber auch der Träger, der mit der Trägerschaft einer Einrichtung sein soziales Engagement unter Beweis stellen will oder aber auch der Bürger und Steuerzahler, der die Kindertageseinrichtungen deshalb finanziert, weil sie einen Beitrag zur Zukunftssicherung der Gesellschaft leisten.

2. dass die „Kunden" bei der Erbringung der Leistung mitwirken. Denn ein gutes Elterngespräch kann nur zustande kommen, wenn die Eltern bereit sind, daran mitzuwirken, und eine gute pädagogische Arbeit ist nur möglich, wo die Kinder und die Eltern für gemeinsame Ziele gewonnen werden können.

3. dass die „Kunden" einer Dienstleistung wohl die Gesamtleistung, nicht aber jede einzelne Teilleistung erkennen und bewerten können. Eltern können nicht den ganzen Tag in der Kindertageseinrichtung verbringen und die Erzieherinnen bei ihrer Arbeit beobachten. Und Kinder erzählen oftmals nicht viel über das, was in der Einrichtung geschieht. Persönliches Vertrauen ist hier unverzichtbar!

Eine Konsequenz, die sich hieraus ergibt, ist, dass die Qualität der Leistung „Kindertagesbetreuung" nie isoliert, sondern nur gemeinsam entstehen kann. Alle Beteiligten sind aufeinander angewiesen, die Eltern auf die Erzieherinnen, die Erzieherinnen auf den Träger (s. Abb. 6). Damit dies gelingt, ist, gerade weil teilweise unterschiedliche Interessen vorliegen, ein gegenseitiger Austausch unerlässlich.

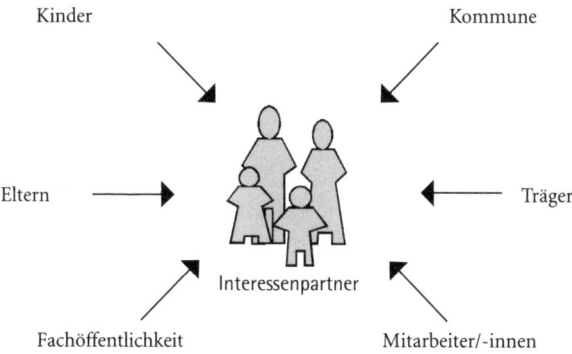

Abb. 6: Die Interessenpartner einer Kindertageseinrichtung

Es macht deshalb keinen Sinn, allein von den Eltern als „Kunden" zu sprechen, denn die Kindertageseinrichtung darf sich nicht nur an den Erwartungen der Eltern orientieren. Alle Beteiligten sind Interessenpartner, denen es gelingen muss, einen optimalen Ausgleich zwischen den verschiedenen Interessen zu erzielen. Eine wichtiges Kennzeichen einer guten Kindertageseinrichtung ist demnach, wie gut es ihr gelingt, diese zusammenzuführen bzw. auszugleichen.

3.2.2 Die Teilaspekte der fachlichen Dimension

Die Bildung, Erziehung und Betreuung von Kindern in Kindertageseinrichtungen wird von Personen durchgeführt, die sich diese Aufgabe als Beruf gewählt haben. Deshalb erwartet die Öffentlichkeit von den Mitarbeiterinnen Professionalität in Form grundlegender Kenntnisse in den gesellschafts-, erziehungswissenschaftlichen, entwicklungspsy-

Optimale Qualität erfordert professionelles Handeln und fachliche Weiterentwicklung.

43

chologischen, aber auch organisationstheoretischen und gesetzlichen Grundlagen der Arbeit in Kindertageseinrichtungen. Natürlich sollten diese Kenntnisse immer auf dem neuesten Stand sein, wodurch ein ständiger Austausch insbesondere mit fachwissenschaftlichen Entwicklungen unentbehrlich ist. Auch wenn dabei fachliche Meinungen mitunter differieren können, so gibt es doch viele gesicherte Erkenntnisse und Standards, deren Kenntnis und Umsetzung in der Praxis von einer ausgebildeten Erzieherin oder Kinderpflegerin erwartet werden müssen.

Drei unterschiedliche Ebenen der Fachlichkeit lassen sich unterscheiden (Abb. 7):

– Fachlichkeit als Einhaltung hoher pädagogischer Standards bei der Bildung, Erziehung und Betreuung der Kinder;
– Fachlichkeit als Erfüllung des tatsächlich angestrebten Zweckes einer Einrichtung (z. B. Entlastung der berufstätigen Eltern etc.);
– Fachlichkeit als Einhaltung der jeweils geltenden gesetzlichen Vorgaben und Rahmenrichtlinien.

Abb. 7: Die Teilaspekte der Fachlichkeit

3.2.3 Die Teilaspekte der organisationalen Dimension

Eine gute Organisation sichert die Gesamtqualität ab.

Kindertageseinrichtungen bieten institutionalisierte Formen der Kleinkinderziehung. Im Gegensatz zur Betreuung durch die Kinderfrau oder die selbstverwaltete Elterngruppe erwartet die Öffentlichkeit von Institutionen einen sehr viel höheren Grad an Rationalität und Strukturiertheit. Kindertages-

44

Die Organisation „Kindertageseinrichtung"

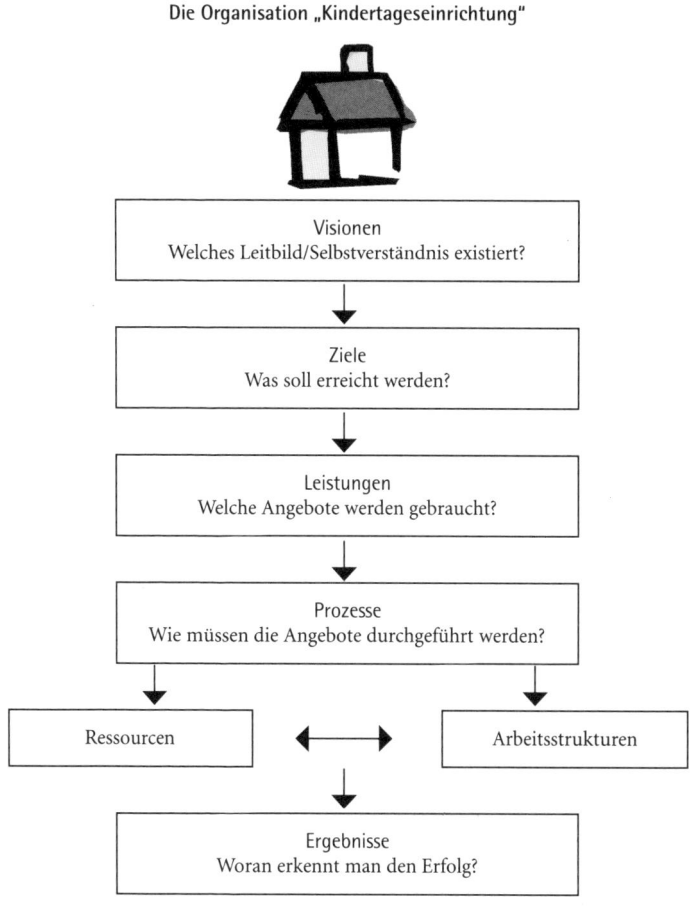

Abb. 8: Die Teilaspekte der Organisationsstruktur Kindertageseinrichtung

einrichtungen müssen Krankheitsfälle ausgleichen, eine konstante Qualität bieten und wirtschaftlich arbeiten. Die Qualität der Kindertageseinrichtung hängt insofern auch von der Qualität ihrer internen Organisationsstruktur ab. Diese umfasst folgende Teilaspekte (s. Abb. 8):

45

- Visionen, d. h. Aussagen über das Selbstverständnis einer Einrichtung;
- Ziele, d. h. Aussagen über das, was erreicht werden soll;
- Leistungen, d. h. Aussagen darüber, welche Angebote erbracht werden;
- Prozesse, d. h. Aussagen darüber, wie die Angebote durchgeführt werden sollen;
- Arbeitsstrukturen und Ressourcen, d. h. Aussagen darüber, wie und in welchem Rahmen die Durchführung der Prozesse und damit die Umsetzung der Ziele erfolgen kann;
- Ergebnisse, d. h. Aussagen darüber, woran man den Erfolg der Arbeit erkennen kann.

3.2.4 Das Gesamtmodell im KitaManagementKonzept

Die drei Dimensionen und deren Teilaspekte ergeben insgesamt folgendes theoretisches Gesamtmodell einer Kindertageseinrichtung als Grundlage für die Durchführung von Analysen und Handlungen im **KitaManagementKonzept** (S. 48, Abb. 9):

DIE DIMENSIONEN UND TEILASPEKTE DER GESAMTQUALITÄT EINER KINDERTAGESEINRICHTUNG

Bezüglich der interaktiven Dimension

☐ Die Qualität der Orientierung an den Interessenpartnern, die darüber Auskunft gibt, inwiefern eine Einrichtung tatsächlich die Erwartungen der verschiedenen Beteiligten wahrnimmt und erfüllt, insbesondere der Kinder, der Eltern, des Trägers, des Teams, des sozialen Umfeldes und der Kommune.

Bezüglich der fachlichen Dimension

☐ Die Qualität der Fachlichkeit, die darüber Auskunft gibt, auf welchem fachlichen Niveau die Arbeit einer Einrichtung angesiedelt ist und inwiefern es gelingt, hohe fachliche Standards einzulösen.

☐ Die Qualität der Zweckerfüllung, die darüber Auskunft gibt, ob eine Einrichtung tatsächlich und umfassend ihren gesetzlich vorgegebenen Zweck erreicht.

☐ Die Qualität der Einhaltung der jeweils geltenden gesetzlichen Vorgaben und Richtlinien, die darüber Auskunft gibt, ob geltende gesetzliche Standards erfüllt werden.

Bezüglich der strukturellen Dimension

☐ Die Qualität der Visionen, die darüber Auskunft gibt, mit welchem grundlegenden Anspruch eine Einrichtung ihre soziale Dienstleistung verbindet.

☐ Die Qualität der Zielsetzungen, die darüber Auskunft gibt, welche konkreten Ziele eine Einrichtung anstrebt.

☐ Die Qualität der angebotenen Leistungen, die darüber Auskunft gibt, durch welche Angebote die angestrebten Ziele umgesetzt werden sollen.

☐ Die Qualität der pädagogischen Prozesse, die darüber Auskunft gibt, wie die konkrete Arbeit durchgeführt wird.

☐ Die Qualität der Ressourcen, die darüber entscheidet, welche Möglichkeiten zur Verfügung stehen, um die angestrebten Ziele zu verwirklichen.

☐ Die Qualität der Arbeitsstrukturen, die darüber Auskunft gibt, ob die organisatorischen Bedingungen ausreichen, um die angestrebten Zwecke und die damit verbundenen Ziele auch wirklich zu erreichen.

☐ Die Qualität der Ergebnisse, die darüber Auskunft gibt, ob die angestrebten Ziele auch wirklich erreicht werden.

Eine Einrichtung ist insofern dann als qualitativ hochwertig einzuschätzen, wenn es ihr gelingt, alle vorgestellten Qualitätsaspekte zu optimieren. Im folgenden Kapitel wird auf diese im Einzelnen eingegangen und werden auch die damit verbundenen Managementaufgaben dargelegt.

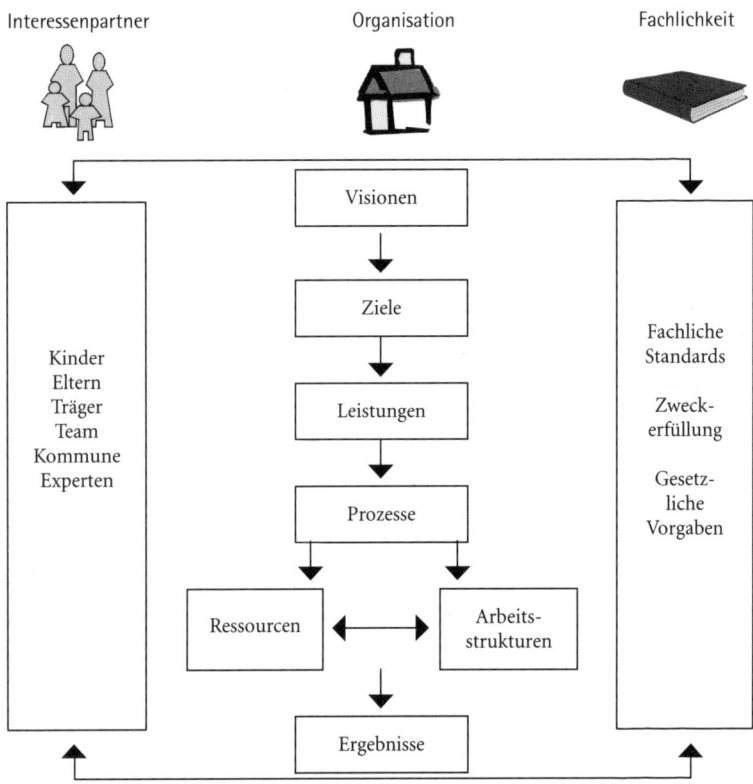

Abb. 9: Die Dimensionen und Teilaspekte der Gesamtqualität einer Kindertageseinrichtung

3.3 Die Bedeutung der einzelnen Qualitätsdimensionen

3.3.1 Die interaktive Dimension: Die einzelnen Interessenpartner, ihre Bedürfnisse und Erwartungen

In sozialen Einrichtungen spielen die beteiligten Menschen, die immer zugleich als Adressaten und Erbringer der Dienstleistung (und deshalb als Interessenpartner) betrachtet werden können, eine wichtige Rolle.

Der Qualitätsanspruch an die Dienstleistung (Kindertageseinrichtung) leitet sich zum einen aus dem Wert, den Bildung, Erziehung und Betreuung in der Gesellschaft haben, ab und zum anderen aus den Ansprüchen, die die Abnehmer stellen. Der Dienstleistungscharakter erfordert die kontinuierliche Auseinandersetzung mit der Situation von Kindern und ihren Familien. Das Dienstleistungsangebot, Kinder zu erziehen, zu bilden und zu betreuen, erfordert die Auseinandersetzung mit fachlichen Fragen und Entwicklungen. Der gesellschaftliche Auftrag schließlich erfordert die Auseinandersetzung mit den Werten, die bei der Wahrnehmung von Erziehung, Bildung und Betreuung realisiert und vermittelt werden. (Aus: Erläuterungen des Bayer. Staatsministeriums für Arbeit und Sozialordnung zur 4. DV BayKiG)

Demnach muss die Leistung einer Kindertageseinrichtung vor allem daran gemessen werden, inwiefern sie den Erwartungen ihrer Interessenpartner gerecht wird. Dazu muss die Einrichtung diese zunächst identifizieren, sich dann damit auseinandersetzen, welche unterschiedlichen Erwartungen konkret vor Ort vorhanden sind, und schließlich versuchen, diese auszugleichen und im Rahmen der Einhaltung fachlicher Standards zu erfüllen.

Unterschiedliche Erwartungen müssen identifiziert, diskutiert und ausgeglichen werden.

Welche Erwartungen richten die einzelnen Interessenpartner an eine Einrichtung?

a) Interessen der Kinder

Zahllose Pädagogen haben immer wieder zu benennen versucht, was Kinder von der Kindertageseinrichtung erwarten. Alle Aspekte zusammengefasst ergeben folgende Punkte:

DIE ERWARTUNGEN VON KINDERN AN EINE TAGESEINRICHTUNG

- ☐ Sicherheit, behütet zu werden, sich wohlfühlen zu können;
- ☐ Lernen, selbständig zu sein, sich entscheiden und abgrenzen zu können;
- ☐ Lernen, auf andere zuzugehen, gemeinschaftsfähig zu werden, Solidarität und Werthaltungen zu entwickeln;
- ☐ Lernen, sich der Realität zu stellen, die Umwelt aktiv zu erforschen, Neues zu erfahren;
- ☐ Eigene Defizite ausgleichen zu können, negative Erfahrungen relativieren und positive Erfahrungen verstärken zu können.

Eine der grundlegendsten Forderungen der Entdeckung der Kindheit ist das von Janusz Korczak sehr treffend charakterisierte „Recht des Kindes auf den heutigen Tag". Ungeachtet der gesellschaftlichen Anforderungen, die an das Kind herangetragen werden, muss ein pädagogisches Arrangement den unmittelbaren Bedürfnissen des Kindes Rechnung tragen, insbesondere dem Bedürfnis nach Sicherheit und nach der emotionalen Nähe zu anderen Personen, aus deren Zusammenwirken sich dann ein Resultat ergibt, das derzeit oft mit dem Begriff des „Sichwohlfühlens" bezeichnet wird. In einer solchen Atmosphäre soll sich das Kind mit seinen aktuellen emotionalen sozialen und geistigen Bedürfnissen angenommen wissen. Das Elternhaus und später dann die Kindertageseinrichtungen müssen dement-

Kinder erwarten eine Atmosphäre, in der sie sich sicher und angenommen wissen.

sprechend für das Hier und Heute des Kindes angemessene Erfahrungs-, Rückzugs-, Ausgleichs-, Schutz- und Anregungsräume bieten. Insbesondere Andreas Flitner (1982) hat auf diese Aspekte hingewiesen. Elternbefragungen belegen immer wieder, dass auch die Eltern von Kindern, die eine Kindertageseinrichtung besuchen, an erster Stelle erwarten, dass sich ihre Kleinen dort wohlfühlen. Insbesondere im Bereich der Krippenkinder versucht man durch eine besondere Gestaltung der Eingewöhnungszeit diesem Grundbedürfnis der Kinder Rechnung zu tragen.

Lernen, selbständig zu sein, sich entscheiden und abgrenzen zu können

Im Blickfeld von Erziehung müssen immer die Lebensbedingungen sein, mit denen die Kinder als zukünftige Erwachsene in einer pluralen Gesellschaft konfrontiert sein werden. Die Soziologie geht heute fast übereinstimmend davon aus, dass Prozesse der Bildungsmobilisierung, der beruflichen Mobilität und der Erosion kultureller Traditionen und Bestände die Entscheidungsfähigkeit des Einzelnen stärker herausfordern werden (Beck 1986). Insgesamt wird dies zu einer Individualisierung und Pluralisierung von Lebensverhältnissen führen. Demnach wachsen Kinder in eine Welt hinein, in der nur der gelingend leben kann, der „sich selbst als Handlungszentrum, als Planungsbüro in bezug auf seinen eigenen Lebenslauf, seine Fähigkeiten, Orientierungen, Partnerschaften, usw." begreift. Menschen in dieser Gesellschaftsform müssen in der Lage sein, ein „Ich-zentriertes Weltbild" (Beck 1986, S. 217) zu entwickeln, und sie müssen lernen, auch alleine zu leben. Denn diese Gesellschaft verpflichtet den Einzelnen darauf, sein Leben „als Konsequenz der von ihm getroffenen Entscheidungen" (S. 218) zu interpretieren. Niemand von uns wird einen anderen Menschen oder unsere Kinder vor den vielfältigen Scheidungs-, Trennungs-, Arbeitslosigkeits- oder allgemein Modernisierungsrisiken schützen können. Deshalb müssen Kinder, stärker als früher, darin unterstützt werden, frühzeitig handlungsfähige Subjekte zu werden. Nur wer bereits in jungen Jahren auf einen hohen Grad an Freiheit vorbereitet wird, wer gelernt hat, autonom zu denken, zu entscheiden und zu handeln, kann in Zukunft mit der Freiheit leben, die ihm die moderne Gesellschaft bietet. Rückriem (1988) hat die dafür notwendige erzieherische Grundhaltung, die seiner Ansicht nach bereits im Umgang mit dem Säugling gelten muss, als „frei lassen ohne allein zu lassen" bezeichnet. Dies bedeutet, dass die Selbständigkeitsbestrebungen des Kindes von Anfang an unterstützt werden müssen und dass Eltern und Kindertageseinrichtung eine Atmosphäre schaffen sollten, die bei Kindern eine Haltung des Freiseins und des freiwilligen Interesses und der Neugier fördert. Und Kinder müssen ermutigt werden sich abzugrenzen, eine eigene Meinung zu entwickeln und ihre eigenen Gefühle ernst zu nehmen.

Kinder wollen Freiräume nutzen und Gemeinschaft erfahren.

Natürlich kann kein Mensch ohne andere Menschen leben. Deshalb bedarf die Erziehung zum selbstbewussten und autonomen Individuum der Ergänzung durch eine Erziehung zur Gemeinschaftsfähigkeit. Kinder brauchen frühzeitig die Gelegenheit, mit und in einer Gemeinschaft zu leben und darin Eigenschaften wie Solidarität, Empathie und Toleranz zu entwickeln. Gerade in einer zunehmend individualisierten und pluralen Gesellschaft, in der traditionelle soziale Sicherungen wegbrechen, wird die soziale Kompetenz und Verantwortung des einzelnen Menschen zur unverzichtbaren Basis, damit die Gesellschaft in Zukunft „menschlich" bleibt und die global anstehenden ökonomischen und ökologischen Probleme verantwortlich angegangen werden können. Aber nicht nur die Fähigkeit zum partnerschaftlichen Zusammenschluss und zur Teamarbeit werden zu einem unverzichtbaren Merkmal. Zugleich wird es für den Erhalt einer menschlichen Gesellschaft immer wichtiger, dass zukünftige Erwachsene Potentiale an belastbarer Solidarität für andere Menschen entwickeln. Kindertageseinrichtungen müssen sich deshalb auch als Raum verstehen, in dem soziales Lernen möglich wird, etwa im Umgang mit Kindern mit Behinderungen, aber auch im Zusammenleben der Geschlechter und unterschiedlicher Rassen.

Lernen, sich der Realität zu stellen, die Umwelt aktiv zu erforschen, Neues erfahren zu können

Die Lösung der Zukunftsprobleme unserer Gesellschaft fordert vom Einzelnen nicht nur personale und soziale, sondern auch intellektuelle und praktische Kompetenzen. Diese können nur teilweise durch die Vermittlung von „Wissen" erworben werden. Deshalb müssen Kinder frühzeitig darin unterstützt werden, sich mit ihrer realen Umwelt auseinander zu setzen, neugierig etwas auszuprobieren, zu experimentieren, zu suchen und zu erfinden. Kinder müssen „Lust auf Lernen" entwickeln und dazu brauchen sie vielfältige und interessante Möglichkeiten zur spielerischen Auseinandersetzung mit ihrer realen Umwelt. Die Kindertageseinrichtung wird damit auch zum Ort, wo Begabungen entdeckt und gefördert werden.

Kinder wollen selbsttätig lernen, Erfahrungen sammeln und bei Bedarf unterstützt werden.

Eigene Defizite ausgleichen können, negative Erfahrungen relativieren und positive Erfahrungen verstärken können

Die Kindertageseinrichtung muss immer auch damit rechnen, dass nicht alle Eltern in der Lage sind, die grundlegenden, gleichermaßen erzieherischen Leistungen zu erbringen. Kinder, die mit Erziehungs- oder Entwicklungsdefiziten in die Einrichtung kommen, müssen die Gelegenheit haben, diese abzubauen und auszugleichen. Die gezielte Einzelförderung, unter Umständen unter Zuhilfenahme spezieller Dienste, gehört unverzichtbar zur Aufgabe der Kindertageseinrichtung. Die psychoanalytische Literatur zum Kindergarten weist darauf hin, dass der Kindergarten auch dazu dienen sollte, Fehler in der familiären Erziehung dadurch abzubauen, dass dem Kind eine Umgebung zur Verfügung gestellt wird, in der „Katharsis", insbesondere im Rollenspiel, möglich wird. Die „gewährende und liebevolle" Erzieherin kann dem Kind damit helfen, etwaige schmerzvolle oder ängstigende Erfahrungen mit der eigenen Mutter zu relativieren.

53

Zusammenfassend kann man also sagen, dass die gute Kindertageseinrichtung den Kindern fünf Leistungen anbieten muss.

WAS MÜSSEN KINDERTAGESEINRICHTUNGEN DEN KINDERN BIETEN?

1. Eine Atmosphäre der Geborgenheit und Sicherheit, in der sie unbeschwert aufwachsen können,
2. Unterstützung bei ihrer Entwicklung zu einer eigenständigen Persönlichkeit,
3. Angebote und Hilfen beim Zusammenleben und in der Auseinandersetzung mit anderen Kindern und Erwachsenen,
4. vielfältige Anregungen und Förderungen bei der Entwicklung ihrer eigenen Fähigkeiten und
5. individuelle, kompensatorische Förderung und Erziehung zur Behebung bereits vorhandener Defizite.

---

b) Interessen der Eltern

Die Interessen und Erwartungen der Eltern lassen sich nach unterschiedlichen Kriterien ordnen:

ERWARTUNGEN DER ELTERN AN KINDERTAGESEINRICHTUNGEN

☐ Bereitstellung eines geeigneten Betreuungsplatzes
☐ Berücksichtigung des familiären (zeitlichen) Betreuungsbedarfes und -verlaufes
☐ Berücksichtigung der eigenen familiären Erziehungs- und Bildungsvorstellungen
☐ Berücksichtigung des konkreten Förderungsbedarfs des einzelnen Kindes

---

Mit der Verabschiedung des Kinder- und Jugendhilfegesetzes im Jahr 1989 sind vor allem die Eltern deutlich in den Mittelpunkt der Aufmerksamkeit gerückt worden. Das Schwangerenschutzgesetz hat diesen Anspruch verstärkt und den Eltern in allen Bundesländern mit Ausnahme Bayerns das Recht auf einen Kindergartenplatz für ihre Kinder zugesprochen. Die Kommunen und freien Träger von Kindertageseinrichtungen werden darin verpflichtet, für alle Altersgruppen – also auch für unter 3-jährige Kinder und für Schulkinder ein „bedarfsgerechtes Angebot" an Kindertageseinrichtungen zu schaffen. Was darunter zu verstehen ist, erläutert § 80 KJHG:

Eltern erwarten, dass für ihr Kind ein geeigneter Betreuungsplatz zur Verfügung steht.

„(1) Die Träger der öffentlichen Jugendhilfe haben im Rahmen ihrer Planungsverantwortung

1. den Bestand an Einrichtungen und Diensten festzustellen,

2. den Bedarf unter Berücksichtigung der Wünsche, Bedürfnisse und Interessen der jungen Menschen und der Personensorgeberechtigten für einen mittelfristigen Zeitraum zu ermitteln und

3. die zur Befriedigung des Bedarfs notwendigen Vorhaben rechtzeitig und ausreichend zu planen; dabei ist Vorsorge zu treffen, dass auch ein unvorhergesehener Bedarf befriedigt werden kann.

(2) Einrichtungen und Dienste sollen so geplant werden, dass insbesondere

1. Kontakte in der Familie und im sozialen Umfeld erhalten und gepflegt werden können,

2. ein möglichst wirksames vielfältiges und aufeinander abgestimmtes Angebot von Jugendhilfeleistungen gewährleistet ist,

3. junge Menschen und Familien in gefährdeten Lebens- und Wohnbereichen besonders gefördert werden,

4. Mütter und Väter Aufgaben in der Familie und Erwerbstätigkeit besser miteinander vereinbaren können."

Der Ausbau der Betreuungsplätze in Kindertageseinrichtungen ist in den letzten Jahren in unterschiedlichem Ausmaß geschehen. Als Folge sind hohe regionale Unterschiede zu verzeichnen: Teilweise gibt es ein ausreichendes Angebot, teilweise fehlen immer noch Plätze. Zudem gibt es auch den Fall, dass regional ein „Überangebot" an Kindergartenplätzen entstanden ist. Die daraus resultierenden Folgeprobleme stellen die Kinder- und Jugendhilfeplaner, die Träger und die Erzieherinnen der betreffenden Einrichtungen vor folgende neue Aufgaben:

– Regelung des Überangebotes (also zu viele Kinder für eine Einrichtung) durch Einführung einer Warteliste, durch Verkürzung der Öffnungszeiten (Wechselgruppen) oder Erhöhung der Kinderzahlen in den einzelnen Gruppen,
– Kooperation mit anderen Kindertageseinrichtungen bei der Vergabe von Plätzen (Pool),
– Umgang mit Konkurrenz unter verschiedenen Einrichtungen im Fall des Rückgangs der Kinderzahlen,
– Umgang mit einer zunehmenden Zahl an Teilzeitkräften und Mutterschaftsvertretungen, die nur Zeitverträge besitzen.

Für die Eltern bedeutet die zunehmende Bedarfsdeckung und die damit verbundene Wahlmöglichkeit des Kindergartens eine Stärkung ihrer Position. Schon aus diesem Grunde müssen Einrichtungen sich stärker an den Interessen und Wünschen der Eltern ausrichten.

Berücksichtigung des familiären (zeitlichen) Betreuungsbedarfes und -verlaufes

Nimmt man die individuellen Betreuungsbedürfnisse von Familien zur Kenntnis, so zeigt sich, dass eine zunehmende Anzahl mit den klassischen Betreuungszeiten nur schlecht zurecht kommt. Die weiterhin zunehmende Zahl erwerbstätiger Mütter mit Kindern unter drei und über fünf Jahren führt nicht nur zu einem steigenden Betreuungsbedarf, sondern auch zu einem zeitlichen Mehrbedarf an Betreuung. Leider ist ein Teil der Kindergärten auch heute nach wie vor – oftmals aus ideologischen Gründen – nicht bereit, die Öffnungszeiten den gewandelten Bedürfnissen anzupassen. Mit dem Argument „Die Eltern sollen sich mehr um ihre Kinder kümmern!" wird es versäumt, neue, bedarfsgerechte Öffnungszeitenregelungen überhaupt in Erwägung zu ziehen. Vor allem in den Städten treten deshalb immer

Eltern sind an langfristiger Betreuung interessiert, die ihrem Bedarf entspricht.

mehr private Anbieter auf den Plan und bieten Kinderbetreuung teilweise „rund um die Uhr" an.

Für Eltern ist heute nicht nur die Gewissheit, dass ihr Kind einen „Platz" in einer der Einrichtungen hat, von Bedeutung. Immer wichtiger wird es für sie, ihre Kinder über einen längeren Zeitraum „sicher" betreut zu wissen. Damit gewinnt zunehmend das Problem des Übergangs von der Krippe in den Kindergarten und vom Kindergarten in den Kinderhort an Bedeutung. Bei der zukünftigen Wahl einer Kindertageseinrichtung werden Eltern deshalb – bei einem entsprechenden Angebot – die Einrichtung wählen, die ihnen eine langfristige Perspektive gibt. Der klassische Kindergarten kann diese nicht geben und dies kann sich für ihn als nachteilig erweisen.

Untersuchungen belegen, wie durchlässig die Betreuungsnetze in Deutschland sind. Kinder werden deshalb an ein und demselben Tag oftmals von vielen unterschiedlichen Personen an unterschiedlichen Orten betreut. Deshalb sollte jetzt die Chance ergriffen werden, freiwerdende Kapazitäten in Kindergärten nicht einfach ab-, sondern durch Umstrukturierungen zu altersübergreifenden Kinderhäusern zum Wohle der Kinder und Eltern umzubauen (Erath, 1992). In den meisten Bundesländern werden derzeit die dafür notwendigen rechtlichen Grundlagen vorsichtig geschaffen, so dass der neuen Perspektive „vom Kindergarten zum Kinderhaus" kaum mehr unüberwindbare Hindernisse entgegenstehen.

Berücksichtigung der eigenen familiären Erziehungs- und Bildungsvorstellungen

Eltern erwarten natürlich auch, dass sich die Kindertageseinrichtung bezüglich ihrer pädagogischen Grundausrichtung an ihren Vorgaben orientiert. Das Wunsch- und Wahlrecht (§5 KJHG) weist hier eindeutig darauf hin, dass Einrichtungen eigene Profile entwickeln müssen, die den Eltern eine Wahl ermöglichen. § 22 Abs. 3 KJHG räumt den Eltern zudem ein Recht auf Mitbestimmung ein. Worauf es heute also entscheidend ankommt, ist, dass

Eltern wollen ihre Erziehungsvorstellungen sowie den Förderbedarf ihres Kindes berücksichtigt wissen.

sich die Eltern mit dem Angebot der Einrichtung soweit identifizieren, dass eine gemeinsame Erziehung des Kindes möglich wird. Auch
die Einflüsse des sozialen Umfeldes sind dabei zu berücksichtigen. Natürlich haben auch die Eltern ein Recht auf Unterstützung durch die
Kindertageseinrichtung und auf „Förderung der Entwicklung" ihres
Kindes und auf „Erziehung zu einer eigenverantwortlichen und gemeinschaftsfähigen Persönlichkeit" (§ 1 KJHG).

Berücksichtigung des konkreten Förderungsbedarfs des einzelnen Kindes

Dort, wo Eltern nicht dazu in der Lage sind, ihre Kinder angemessen
zu fördern, oder wo Behinderungen dies nur eingeschränkt zulassen,
ist die Einrichtung im Rahmen ihrer Möglichkeiten verpflichtet, Hil-
femaßnahmen anzubieten.

Betrachtet man zusammenfassend die Aufgaben der Kindertageseinrichtungen in Bezug auf die Interessengruppe der Eltern, so zeigt
sich, dass Offenheit und Bereitschaft zur Veränderung auf Dauer unverzichtbar sind. Wer sich nicht aktiv und engagiert für die Interessen
und Bedürfnisse von Eltern einsetzt, läuft Gefahr, die beruflichen und
persönlichen Zukunftsperspektiven vieler Erzieherinnen und Kinder-
pflegerinnen aufs Spiel zu setzen. Diese sollten insbesondere den Trägern und Leiterinnen sozialer Einrichtungen am Herzen liegen.

c) Interessen des Trägers

Der zunehmende öffentliche Sparzwang, der auch zu einer Kürzung
der Zuschüsse für Kindertageseinrichtungen führte, hat dazu beigetragen, dass sich auch Träger stärker nach dem Nutzen der Einrichtungen
fragen und sich insofern als Interessenpartner verstehen. Auch ein Träger richtet nämlich Erwartungen an seine Kindertageseinrichtung und
ist, falls diese Erwartungen nicht befriedigt werden, unter Umständen
sehr schnell bereit, die Trägerschaft der Einrichtung aufzugeben.

Eine Kindertageseinrichtung mit einem kirchlichen Träger möchte
in der Regel eine bestimmte Form der christlichen Erziehung konzeptionell verankert wissen. Dies kann im täglichen Gebet oder auch im

regelmäßigen Kontakt mit anderen Institutionen der Kirchengemeinde und im Angebot zum gemeinsamen Kirchgang (Kindergottesdienste) zum Ausdruck kommen. Ein Elternverein als Träger erwartet vom Team einer Einrichtung unter Umständen die Orientierung an einem bestimmten pädagogisch-didaktischen Ansatz (z. B. Montessori-Pädagogik, Situationsansatz etc.). Ein Träger kann auch, wie dies insbesondere private und kommunale Träger tun, die Orientierung am Nutzer bzw. an den Bürgerinnen und Bürgern einer Stadt vorgeben. Diese Einrichtung hat demnach regelmäßig Bedarfsanalysen über die Betreuungswünsche durchzuführen und sich dann an den Ergebnissen auszurichten. Insbesondere die derzeit in vielen Kommunen entstehenden „Leitbilder" betonen eine solche Ausrichtung aller öffentlichen Einrichtungen und damit auch der kommunalen Kindertageseinrichtungen. In allen diesen Fällen ist das Team gehalten, die jeweiligen Vorgaben zu beachten und ein fachliches Konzept zu entwickeln, das diese deutlich berücksichtigt. In der Regel wird der Träger diese Erwartung bereits bei der Einstellung von Mitarbeiterinnen klar formulieren und im Arbeitsvertrag verankern.

Neben den unterschiedlichen Profilerwartungen legen Träger in der Regel auch einen hohen Wert darauf, dass ihre Einrichtung als eine gute oder sehr gute Kindertageseinrichtung bekannt ist. Dementsprechend erwartet man vom Team, dass es eine hohe pädagogische Qualität entwickelt und diese auch gegenüber den Eltern, den Fachkolleginnen etc. deutlich macht. Gefordert wird hier eine „Qualitätspolitik" in den Einrichtungen, die Fehler und damit Beschwerden vermeidet und die durch eine gute Öffentlichkeitsarbeit ein positives Image für den Träger bewirkt.

Trägererwartungen: Umsetzung des Leitbildes, positives Image und Wirtschaftlichkeit.

Der Träger achtet natürlich auch darauf, dass das Geld, das er seiner Einrichtung zur Verfügung stellt, gut investiert ist. Er wird deshalb seine Mitarbeiterinnen zur Sparsamkeit anhalten und immer wieder überprüfen, ob sich sein finanzielles Engagement auch wirklich „lohnt".

d) Interessen der Kommune

Neben dem Träger sollte auch die Kommune als Interessenpartner des Kindergartens gesehen werden. Für sie sind insbesondere folgende Aspekte von Bedeutung:

Die Kommune erwartet, dass jedes Kind nicht nur einen, sondern den Kindergartenplatz erhält, den seine Eltern wünschen. Einrichtungen müssen deshalb flexibel sein und sich den ständig verändernden Anforderungen anpassen.

Während der Träger die Wirtschaftlichkeit der Einrichtung aus eigenen Erwägungen überprüft, erwartet die Kommune im Namen ihrer Bürgerinnen und Bürger, dass mit den Steuergeldern möglichst sparsam umgegangen wird. Die jeweilige Betreuungsleistung soll nicht nur optimal sein, sie soll auch möglichst effizient geleistet werden. Um das Kostenbewusstsein ihrer Mitarbeiterinnen zu fördern, beginnen Kommunen und Verbände bereits damit, im Rahmen von neuen Steuerungsmodellen einzelne Einrichtungen zu budgetieren. Die Leiterinnen erhalten die volle ökonomische Verantwortung für die Einrichtung.

Jede Kommune wünscht sich nicht nur qualitativ hochwertige Einrichtungen, sie ist im Übrigen auch verpflichtet, die Einhaltung der wichtigsten grundlegenden fachlichen Qualitätsstandards (in der Regel die Einhaltung wichtiger Rahmenbedingungen) immer wieder zu überprüfen. Die Einführung von eigenen Controlling-Abteilungen innerhalb der Sozialdezernate wird hier dazu führen, dass immer mehr Anforderungen an Einrichtungen formuliert und deren Einhaltung auch eingefordert werden.

Entsprechend § 80 KJHG erwarten auch die Kommunen von den Einrichtungen, dass sie einen Beitrag zur Weiterentwicklung der Qualität in den einzelnen Stadtteilen beisteuern, etwa indem sie ihr Profil an den konkreten Anforderungen ausrichten oder indem sie in den Stadtteil durch Aktionen hineinwirken. Teilweise wird auch erwartet, dass Kindertageseinrichtungen Räumlichkeiten für andere soziale Aktivitäten (Selbsthilfegruppen etc.) zur Verfügung stellen.

e) Interessen der Mitarbeiterinnen

Es wäre naiv, die Mitarbeiterinnen und Mitarbeiter nicht als wichtige Interessenpartner einer Kindertageseinrichtung zu betrachten. Immerhin liegt es wesentlich an ihnen, ob es gelingt, eine wirklich gute Einrichtung zu entwickeln. Das Personal erwartet von der Einrichtung nicht nur einen sicheren Arbeitsplatz und gute Arbeitsbedingungen, zugleich hängt die Motivation des Personals auch davon ab, ob es gelingt, eine Teamkultur zu entfalten, in der man das gemeinsame Arbeiten als anregend und bereichernd erfährt und die somit die persönliche und fachliche Weiterentwicklung des Personals gewährleistet. Gerade die zunehmende Konkurrenz unter den Einrichtungen und die um sich greifende Qualitätsdebatte wird dazu führen, dass sehr gute Leiterinnen und Mitarbeiterinnen stärker umworben und damit auch deren Erwartungen und Interessen gegenüber der Einrichtung von großer Bedeutung sein werden.

Mitarbeiterinnen erwarten einen sicheren Arbeitsplatz und Weiterentwicklungsmöglichkeiten.

f) Interessen externer Beobachter

Auch wenn jede Kindertageseinrichtung selbständig ist und im Grunde ihre eigene pädagogische Vorstellung umsetzen kann, so vollzieht sich ihre Arbeit doch nicht nur im engen Raum des Einzugsgebietes, sondern wird auch von einer größeren Fachöffentlichkeit wahrgenommen, insbesondere durch andere Interessierte oder Professionelle oder durch die Fachberatung. Es gibt nicht nur kritische Anfragen wissbegieriger Eltern, die ein bestimmtes Verhalten begründet haben möchten, oder eine interne fachliche Diskussion zwischen den einzelnen Teammitgliedern, oft ausgelöst durch die Lektüre von Fachzeitschriftenartikel. Es gibt auch Kolleginnen anderer Einrichtungen, die einmal vorbeischauen oder die Fachberatung, mit der man in Kontakt steht. Somit steht die Einrichtung in einem permanenten Austausch mit externen Partnern, denen es zumindest dann gerecht zu werden gilt, wenn sich die Einrichtung nicht mit dem bloßen

Funktionieren zufrieden gibt oder einen schlechten Ruf innerhalb der Fachöffentlichkeit akzeptiert. An dieser Stelle kommen auch Aspekte der wissenschaftlichen Diskussion ins Spiel, wie etwa organisatorische und fachliche Standards. Denn externe Beobachter werden subjektive und objektive Maßstäbe an die jeweilige Einrichtung herantragen, mit denen sich jedes Team – über kurz oder lang – auseinandersetzen muss.

3.3.2 Die fachliche Dimension: Fachlichkeit als Orientierung an pädagogisch-wissenschaftlichen Standards, Erfüllung gesellschaftlicher Zwecke und Einhaltung gesetzlicher Vorgaben

a) Orientierung an pädagogisch-wissenschaftlichen Standards

Pädagogik, Organisation und Kommunikation bestimmen das fachliche Niveau eines Teams.

Insbesondere die Ergebnisse der von Tietze (1998) durchgeführten Studie über die Qualität der Kindertageseinrichtungen in Deutschland haben zu einer breiten Diskussion und zur Forderung nach einer Qualitätsoffensive geführt. Zahlreiche Publikationen über die Bedeutung von fachlichen Standards sind inzwischen erschienen. Oftmals beziehen sie sich aber lediglich auf pädagogisch-praktische Aspekte der Arbeit in Kindertageseinrichtungen. Fachlichkeit bedeutet aber, dass alle Aufgabenstellungen, die erfüllt werden müssen, um eine Kindertageseinrichtung optimal zu gestalten, auch auf einem hohen fachlichen Niveau erfolgen.

Pädagogisch-wissenschaftliche Standards werden entwickelt aus:
– gesellschaftstheoretischem Wissen, das erforderlich ist, um Vorgänge und Veränderungen in der Gesellschaft beobachten und einschätzen zu können (z. B. die Stellung von Kindern, Frauen, Familien in der modernen Gesellschaft, die Rolle der Politik im Bereich der Kleinkinderziehung etc.);

– allgemeinpädagogischem Wissen, das sich mit den grundlegenden Fragen der Bildung, Erziehung und Betreuung von Kindern und Jugendlichen auseinandersetzt und das erforderlich ist, um eine klare erzieherische Perspektive entwickeln zu können (z. B. Formulierung von wichtigen Erziehungszielen und -aufgaben etc.);

– pädagogisch-didaktisch-methodischem Wissen, das erforderlich ist, um angestrebte Erziehungsziele in der Praxis konkret umsetzen zu können. Hierzu gehört etwa die Kenntnis wichtiger Theorien, die Kenntnis wichtiger methodischer Ansätze, wie z. B. Projektarbeit, Kinderkonferenz, Elterngespräch etc.;

– organisatorischem Wissen, das gebraucht wird, um die konkrete Arbeit zu planen, durchzuführen und zu reflektieren (siehe dazu Kap. 5);

– vielen Teilkenntnissen und -fertigkeiten, die etwa zur Erstellung eines Dienstplanes, zum Gebrauch eines Computers, zur Leitung einer Sitzung etc. befähigen.

Anders gesagt: Alle Vorgänge, die sich in einer Kindertageseinrichtung abspielen, werden vom fachlichen Niveau, das die entsprechenden Mitarbeiterinnen einbringen, geprägt. Je größer der Wissensstand im Team, umso fachlich fundierter kann die Arbeit geplant, organisiert und umgesetzt werden und umso weniger Kritik ist möglich. Freilich steht die Fachlichkeit nicht für sich allein da, sie muss immer mit den Erwartungen und Wünschen der anderen Interessenpartner abgestimmt werden. Insbesondere die Leiterin einer Einrichtung muss dafür sorgen, dass das Personal über einen hohen Ausbildungsgrad und einen hohen Sachverstand verfügt. Ist dies nicht der Fall, dann muss mit Hilfe von geeigneten Weiterbildungsmaßnahmen versucht werden, diesen Missstand schleunigst zu beheben.

b) Erfüllung gesellschaftlicher Zwecke

Die einfachste Anforderung, die wir in der Regel an ein Produkt stellen, ist ganz einfach die, dass es seinen eigentlichen Zweck erfüllt. Autos sollen fahren, Waschmaschinen waschen etc. Die Aufgaben der

Kindertageseinrichtungen sind vom Gesetzgeber relativ klar definiert und es kann niemand erwarten, auf Dauer öffentliche Zuschüsse zu bekommen, wenn er nicht diesen Anforderungen, die im § 22 KJHG geregelt sind, Rechnung tragen kann oder will:

„Grundsätze der Förderung von Kindern in Tageseinrichtungen
(1) In Kindergärten, Horten und anderen Einrichtungen, in denen sich Kinder für einen Teil des Tages oder ganztags aufhalten (Tageseinrichtungen), soll die Entwicklung des Kindes zu einer eigenverantwortlichen und gemeinschaftsfähigen Persönlichkeit gefördert werden.
(2) Die Aufgabe umfasst die Betreuung, Bildung und Erziehung des Kindes. Das Leistungsangebot soll sich pädagogisch und organisatorisch an den Bedürfnissen der Kinder und ihrer Familien orientieren.
(3) Bei der Wahrnehmung ihrer Aufgaben sollen die in den Einrichtungen tätigen Fachkräfte und anderen Mitarbeiter mit den Erziehungsberechtigten zum Wohl der Kinder zusammenarbeiten. Die Erziehungsberechtigten sind an den Entscheidungen in wesentlichen Angelegenheiten der Tageseinrichtung zu beteiligen." (§ 22 KJHG)

Demnach darf keine Kindertageseinrichtung – wie dies oft getan wird – ihren Zweck auf einen rein pädagogischen Auftrag reduzieren, sondern muss ihm vielmehr auf drei Ebenen gerecht werden.

DREI EBENEN DER ZWECKERFÜLLUNG

1. **Bildung**: Die Kinder sollen in der Einrichtung etwas lernen, sie sollen in ihren intellektuellen und sozialen Fähigkeiten gefördert werden. Die Eltern erfahren dadurch Unterstützung bei der familiären Förderung der Kinder.
2. **Erziehung**: Die im Elternhaus begonnene Erziehung muss weitergeführt und ergänzt werden. Dazu müssen sich die Einrichtungen mit den Eltern auf gemeinsame Werte verständigen, die im alltäglichen Umgang mit den Kindern umgesetzt werden sollen.

3. Betreuung: Die Kinder sollen gerne in die Einrichtung kommen, sich wohlfühlen, glücklich sein, und die Eltern sollen dadurch bei ihrer Betreuungsaufgabe entlastet werden.

Jede Kindertageseinrichtung muss also zunächst einmal überprüfen, ob sie ihren Zweck, der noch genauer etwa durch eine Gemeinde- oder Trägersatzung festgelegt sein kann, überhaupt erfüllt, wobei insbesondere die Erfüllung der Betreuungsleistung leicht überprüft werden kann. Viele Einrichtungen tun dies bereits heute, indem sie immer wieder die Eltern auf ihre Betreuungsbedürfnisse hin befragen und bei Bedarf ihr zeitliches Angebot an den sich verändernden Bedürfnissen ausrichten. Zwecküberprüfungen können heute auch da angeraten sein, wo Eltern Wünsche bezüglich besonderer Betreuungsleistungen äußern, etwa der Betreuung für Krippen- oder Hortkinder, für Kinder mit Behinderungen etc. Niemand zwingt die Einrichtungen dazu, allen Erwartungen gerecht zu werden, jede Kindertageseinrichtung muss aber bereit sein, sich mit dem sich ständig wandelnden Bedarf konstruktiv auseinander zu setzen.

c) Einhaltung gesetzlicher Vorgaben

Auch die gesetzlichen Vorgaben im engeren Sinne können als Teilaspekte der Fachlichkeit betrachtet werden. Sie beziehen sich auf die Einhaltung staatlicher Richtlinien, die in Landesgesetzen oder Verordnungen und Richtlinien formuliert sind. Darin werden insbesondere Fragen der Raum- und Personalausstattung, des Haftungsrechts und der Benutzungsregelungen geklärt. Selbstverständlich muss jede Einrichtung solchen Anforderungen und Vorschriften entsprechen, um eine staatliche Anerkennung und Förderung zu erhalten.

3.3.3 Die organisationale Dimension: Handlungssicherheit und Zufriedenheit durch Organisationsmanagement

Damit die Erwartungen und Wünsche der Interessenpartner auf einem fachlich hohen Niveau umgesetzt werden können, muss es den für die Kindertageseinrichtung Verantwortlichen gelingen, alle wichtigen Teilaspekte sachgemäß zu entwickeln.

a) Visionen

Die Vision vereint verschiedene Interessen zur gemeinsamen Basis.

Jede Organisation braucht klar formulierte Visionen. Sie dienen der Bestimmung des Selbstverständnisses einer Einrichtung und damit der Einheitsstiftung zwischen Team, Träger und Eltern. Sie motivieren alle Beteiligten zur Mitwirkung, erleichtern den Umgang miteinander und helfen dabei, gemeinsame Ziele zu bestimmen.

Visionen charakterisieren das Selbstverständnis von Einrichtungen und deuten gemeinsame Perspektiven an. Im Bereich der Kindertageseinrichtungen haben insbesondere Wertevisionen eine lange Tradition: kirchliche Einrichtungen stellen die christlichen Werte und die religiöse Erziehung in den Mittelpunkt ihrer Arbeit, andere Einrichtungen orientieren sich stark an einer bestimmten Theorie der Kindheit und damit einem konkreten Menschenbild (Montessori-Pädagogik, Waldorf-Pädagogik), Kindertageseinrichtungen mit einer eher gesellschaftskritischen Ausrichtung betonen bestimmte Erziehungsziele wie Autonomie und Solidarität, wieder andere stellen eher dienstleistungsorientierte Gesichtspunkte in den Vordergrund, wie etwa die zeitliche Entlastung der Eltern oder die intellektuelle Förderung der Kinder (z. B. Fremdsprachenlernen).

Dabei muss allerdings beachtet werden, dass sich Visionen nicht von einer einzigen Wertorientierung her bestimmen lassen. In der Regel enthalten sie drei unterschiedliche Werteebenen.

Aspekte von Visionen

☐ pädagogische Werte, die auf die besondere Art hinweisen, wie die Kinder erzogen, betreut und gefördert werden,

☐ Tendenzwerte, die eine bestimmte religiöse, weltanschauliche oder politische Grundausrichtung definieren,

☐ Dienstleistungswerte wie Höflichkeit, Verlässlichkeit, Schnelligkeit, die auf eine gemeinsame Grundhaltung, insbesondere den Eltern gegenüber, schließen lassen.

Wichtig ist, dass es der Einrichtung gelingt, Visionen gemeinsam zu entwickeln und diese einladend zu formulieren. Erst sie geben der Einrichtung eine Grundausrichtung, die sie braucht, um ihr Handeln begründen zu können.

b) Ziele

Die Ziele vieler Kindertageseinrichtungen sind oft nur sehr unpräzise oder gar nicht formuliert. Man geht davon aus, dass es genügt, den gesetzlichen Auftrag zu erfüllen. Dieser Auftrag ist aber nur sehr allgemein bestimmt und wird den spezifischen Gegebenheiten vor Ort noch nicht gerecht. Muss sich nicht diese Kindertageseinrichtung im sozialen Brennpunkt andere Ziele setzen als jene innerhalb einer intakten dörflichen Gemeinschaft? Dort wo konkrete Ziele fehlen, fehlt der Einrichtung eine klare Ausrichtung, den Mitarbeiterinnen fehlen konkrete Arbeitsperspektiven. Die Folge können unnötige Konflikte im Team, mit dem Träger und mit den Eltern sein. Außerdem fehlt es an Maßstäben, an denen die eigene Arbeit bewertet werden soll. Zudem: Wer die Ziele nicht offen legt, entzieht sich der Kritik. Deshalb müssen die Ziele einer Einrichtung klar und für jedermann zugänglich formuliert sein. Je klarer die Ziele einer Einrichtung benannt sind, umso eindeutiger kann sich ein Team daran orientieren und natürlich auch messen lassen.

Klare Ziele konkretisieren die Vision.

Die Formulierung der Ziele stellt in der Regel eine Summe aus den Erwartungen aller Interessenpartner dar. Sie geben der Einrichtung eine klare Ausrichtung und lassen auch erkennen, welchen Anspruch ein Team mit seiner Arbeit verbindet.

c) Leistungen

Sind die operativen Ziele einer Einrichtung formuliert, dann kommt es zunächst darauf an, das pädagogische Angebot so zu entwerfen, dass die Umsetzung der Ziele garantiert ist. Wer Kindern einen größtmöglichen Freiraum für ihre eigene Entwicklung bieten will, muss sich nun überlegen, mit welchem pädagogischen Angebot dies geleistet werden kann. Mögliche Leistungen wären hier z. B. das „Freispiel", die „offene Gruppenarbeit", bei der Kinder selbst entscheiden können, ob sie mitmachen möchten, oder z. B. das „gleitende Frühstück".

Wer Eltern in die Arbeit aktiv mit einbeziehen will, muss dafür geeignete Angebote bereitstellen, etwa die Gestaltung eines „Erzieherinnen-Eltern-Treffs", die Einrichtung einer Elternecke, die regelmäßige Durchführung von Elterngesprächen etc.

Vielfältige Leistungen, fachliche Prozessbeschreibungen, ausreichende Ressourcen und klare Arbeitsstrukturen sind erforderlich.

Bei der Definition des Leistungsangebots sollte man darauf achten, dass ausreichend Angebote zur Verfügung stehen, damit die anvisierten Ziele auch umgesetzt werden können. Es kann hier auch vom „Einrichtungsdesign" gesprochen werden. Das Team kann eine Angebotsvielfalt „entwerfen" und muss nur darauf achten, dass den Adressaten nicht wesentliche Formen vorenthalten bleiben, die erforderlich wären, um das Leistungsversprechen erfüllen zu können.

d) Prozesse

Die klare Beschreibung der pädagogischen Prozesse, die in einer Einrichtung ablaufen sollen, ist eine unverzichtbare Voraussetzung für die Sicherung von Qualität. Nur aufgrund des Vorliegens solcher Beschreibungen kann jede Mitarbeiterin im Team in die Lage versetzt werden, die einzelnen pädagogischen Prozesse oder Teilleistungen (z. B. Gestaltung des Freispiels, der Mahlzeiten, von Projektarbeit etc.) sachgemäß und fehlerfrei durchzuführen. Voraussetzung dafür sind die gemeinsame Diskussion und die Entwicklung und Verschriftlichung von Qualitätsstandards.

Jede Einrichtung ist inhaltlich natürlich frei, ihre Qualitätsstandards so anzulegen, wie sie es für richtig erachtet. Dabei wird es aber immer sinnvoll sein, sich sowohl an fachlichen Standards als auch an den Interessen und Erwartungen der Adressaten zu orientieren.

e) Ressourcen

Es versteht sich sicher von selbst, dass die Qualität des pädagogischen Angebots und der ablaufenden Prozesse innerhalb einer Kindertageseinrichtung grundlegend davon abhängt, wie optimal oder weniger optimal die Ressourcen sind, die der Träger oder die Kommune zur Verfügung stellt. Als wichtige Ressourcen können gelten:
– die räumliche Ausstattung,
– die materielle und finanzielle Ausstattung,
– die personelle Ausstattung,
– die Verkehrsanbindung,
– die Höhe der Gebühren,
– die personale und fachliche Unterstützung durch den Träger,
– das Maß an Fachlichkeit im Team (Qualifikation).
Ressourcen gewähren den Beteiligten in Kindertageseinrichtungen Handlungsspielräume, die das Gesamtangebot der Einrichtung (Gruppenzahl, -größe, -zusammensetzung etc.), aber auch die pädagogische Arbeit enorm beeinflussen können. Allerdings entscheiden sie nicht ganz allein über die Qualität einer Einrichtung, denn natürlich kommt es immer darauf an, was man aus den vorhandenen Möglichkeiten macht.

f) Arbeitsstrukturen

Unter dem Strukturaspekt von Kindertageseinrichtungen werden heute die grundlegenden Regelungen, Verfahren und Kompetenzen verstanden, die sichern sollen, dass eine Einrichtung überhaupt funktioniert.

Wesentliche Strukturelemente einer Organisation

☐ Organisationsstruktur, d. h. die vom Träger vorgegebenen Strukturen, die die Arbeit in einer Einrichtung grundlegend definieren (Führungsleitlinien, Kompetenzregelungen, Führungskultur);

☐ Leitungsstrukur, d. h. die Kompetenzen, die eine Leiterin erworben hat sowie Aufgaben und Verantwortungsbereiche, die sie vom Träger übertragen bekommt (Personalführung, Planung, Organisation etc.);

☐ Personalstruktur, d. h. die Grundsätze und Verfahren zum Personaleinsatz und der Personalentwicklung;

☐ Teamstruktur d. h. die Kompetenz der einzelnen Mitarbeiterinnen, die Art und Weise, wie in einem Team zusammengearbeitet wird, wie Beschlüsse gefasst und umgesetzt werden etc.;

☐ Dokumentations- und Evaluationsstruktur, d. h. die Art und Weise, in der die Arbeit dokumentiert und überprüft wird.

Solche Regelungen waren in der Vergangenheit eher nicht üblich. Die Träger vertrauten einfach der Ausbildung der Erzieherinnen. Deshalb stellten sie ausschließlich Fachpersonal ein und erwarteten von diesem, dass es wisse, was zu tun sei. Die Erzieherinnen in den Teams ihrerseits bewerteten Strukturen als Einengungen und meinten deshalb, auf diese verzichten zu können. Offenheit und Flexibilität schienen so eher gewährleistet zu sein.

Aufgrund des zunehmenden Erwartungsdrucks von außen und innen (Eltern etwa erwarten, dass Erzieherinnen ihr Handeln begründen, Mitarbeiterinnen wollen nicht nur folgenlos diskutieren, sondern erwarten konkrete Orientierungen, Träger erwarten eine hohe Gesamtqualität etc.) wird heute die Bedeutung von Strukturen immer klarer erkannt. Strukturelle Unsicherheiten können leicht zu Lähmungen im Betriebsablauf führen.

Alle für eine Einrichtung notwendigen Strukturen müssen langfristig geschaffen werden, damit zunehmend Handlungssicherheit entstehen kann. Gerade die in letzter Zeit zunehmend favorisierten „offenen" pädagogischen Ansätze in Kindertageseinrichtungen (erweiterte Altersmischung, offenes Arbeiten etc.) machen eine ganz besonders klare strukturelle Absicherung erforderlich.

g) Ergebnisse

Output-Orientierung ist zu einem geflügelten Wort im sozialen Bereich geworden. Demnach kommt es nicht nur darauf an, wie die soziale Dienstleistung erbracht wird **Qualität zeigt sich am Ergebnis.** (Prozessqualität), sondern zugleich darauf, welche Ergebnisse erreicht werden. Diese hängen natürlich von den angestrebten Zielen ab und können auf unterschiedlichen Ebenen angesiedelt sein und unterschiedlichen Kriterien folgen. Einige Beispiele sollen hier vorgestellt werden.

INHALTE DER ERGEBNISQUALITÄT

Mögliche Ergebnisse in Bezug auf die einzelnen Kinder
- ☐ Verbesserung/Veränderung der Selbständigkeit
- ☐ Verbesserung/Veränderung des sozialen Verhaltens
- ☐ Verbesserung der Sprach- und Handlungskompetenz
- ☐ Erreichung der Schulreife etc.

Mögliche Ergebnisse in Bezug auf die Eltern
- ☐ Hohe Zufriedenheit der Eltern mit den Leistungen der Kindertageseinrichtung
- ☐ Entlastung der Eltern

☐ Verbesserung des Eltern-Kind-Verhältnisses

☐ Unterstützung bei der Erziehung etc.

Mögliche Ergebnisse in Bezug auf Träger/Kommune/Öffentlichkeit

☐ Sicherung einer hohen Qualität

☐ Steigerung des Bekanntheitsgrades der Einrichtung

☐ Aufbau eines „guten Rufes"

☐ Beteiligung an öffentlichen Veranstaltungen etc.

3.4 Die Managementaufgaben im KitaManagement-Konzept

3.4.1 Den drei Qualitätsdimensionen angemessen Rechnung tragen

Die wichtigste Aufgabe der Leiterin im **KitaManagementKonzept**

Optimale Qualität wird durch ausgewogenes Management der drei Qualitätsdimensionen erreicht.

besteht darin, dafür Sorge zu tragen, dass alle drei dargestellten Qualitätsdimensionen, die interaktive, die fachliche und die organisationale Dimension, eine angemessene und gleichberechtigte Berücksichtigung finden. Einrichtungen tendieren manchmal dazu, eine der Dimensionen zu bevorzugen, z. B., indem man die eigene Fachkompetenz zu sehr betont und den Anliegen der Eltern entgegenhält. Insbesondere private Einrichtungen laufen Gefahr, nur die Anliegen der Eltern (z. B. umfassende Öffnungszeiten bei wenig Personal, viel billiges Spielmaterial etc.) in den Mittelpunkt des Interesses zu stellen. Dadurch werden dann aber unter Umständen pädagogisch-fachliche Standards übergangen. Wiederum andere Einrichtungen vernachlässigen die Dimension der Organisationsstruktur, indem sie wenig Wert auf klare Regelungen legen. So kommt es dort zu vielen Unklarheiten und Unsicherheiten, die sich dann in persönlichen Spannungen ausdrücken können. Um allen Qualitätsdimensionen angemessen Rechnung tragen zu können, benötigen Leiterinnen ein vielfältiges Wissen und zahlreiche Kompetenzen (siehe dazu Kap. 6.2), vor allem aber die

Einsicht, dass es sich bei der Leitung einer Kindertageseinrichtung tatsächlich um eine Managementaufgabe handelt, bei der es darum geht, alle drei unterschiedlichen Qualitätsdimensionen so miteinander zu verbinden, dass insgesamt eine optimale Gesamtqualität möglich wird.

3.4.2 Differenzerfahrungen als Ausgangspunkt von Veränderungen und Verbesserungen betrachten

Das Management einer Kindertageseinrichtung muss versuchen, die unterschiedlichsten Erwartungen und Perspektiven aller Interessenpartner zu erfüllen und zugleich die Einhaltung hoher fachlicher Standards zu garantieren. Dies ist nicht immer möglich und deshalb müssen auch sehr gute Einrichtungen mit kontinuierlicher Kritik, Verbesserungsvorschlägen oder Änderungswünschen rechnen. Haben die Interessenpartner erst einmal erkannt, dass eine Organisation „lernfähig" ist, dann werden sie sich zudem trauen, auch noch ihre geheimsten Erwartungen zu äußern.

Nur schlechte Einrichtungen versuchen, die Kritik von außen zu ignorieren. Die Vorstellung, es gäbe eine Kindertageseinrichtung, in

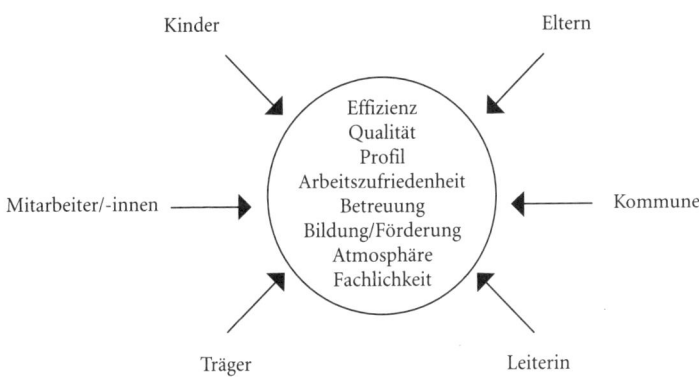

Abb. 10: Unterschiedliche Erwartungen an eine Kindertageseinrichtung

der alle Adressaten zu 100 Prozent zufrieden sind, ist naiv. Diese Sichtweise widerspricht gerade dem Wesen von Organisationen, das darin besteht, Ordnung in eine Welt zu bringen, die sich nicht ordnen lässt. Die unterschiedlichen Interessen und Erwartungen der verschiedenen Beteiligten vor Ort bleiben kontrovers und dies gilt bis in die einzelnen Prozesse und Strukturen einer Einrichtung hinein. Verständlich wird diese Unterschiedlichkeit zusätzlich, wenn man die verschiedenen „codes" berücksichtigt, unter denen die einzelnen Beteiligten eine Kindertageseinrichtung betrachten (Abb. 10).

Jede dieser Erwartungen ist für sich gesehen gerechtfertigt und darf auf keinen Fall (schon gar nicht moralisch) abgewertet werden. Worauf es ankommt, ist, diese unterschiedlichen Erwartungen so zu lenken, dass weder Spannungen entstehen, die dem Klima schaden, noch dass es durch diese Bearbeitung zu Dauerdiskussionen und damit zu Blockaden kommt.

Welche möglichen Differenzen können immer wieder auftauchen?

Differenzen zwischen den Interessen von Eltern unterschiedlicher Auffassungen

Zu differierenden Elternmeinungen kommen unterschiedliche Interessen der Kinder hinzu.

Dort, wo viele Menschen aufeinander treffen, muss es notgedrungen zu Differenzen kommen. Nicht alle Eltern erwarten dasselbe von einer Kindertageseinrichtung. Insbesondere die Diskussion um die Flexibilisierung der Öffnungszeiten hat gezeigt, dass eine Einrichtung nicht allen Wünschen gleichzeitig entsprechen kann. Außerdem haben Eltern oftmals unterschiedliche inhaltliche Ansprüche und pädagogische Erwartungen an den Kindergarten. Ein einfaches Beispiel dafür ist etwa die Uneinigkeit über die Frage, ob sich die Kinder im Kindergarten schmutzig machen dürfen. Während ein Teil der Eltern dies rundweg ablehnt, hält ein anderer Teil dies für unverzichtbar. Natürlich stehen dahinter ganz unterschiedliche Vorstellungen von Kindheit und Kindererziehung, die sich nur schwer miteinander vereinbaren lassen. Einrichtungen haben hier die Aufgabe, zwischen den Erwartungen zu vermitteln und Kompromisse zu arrangieren, die es möglich machen, einen Großteil der Eltern „unter einen Hut" zu bekommen.

Differenzen zwischen den Interessen der Eltern und der Kinder

Sie ergeben sich oftmals, weil Eltern etwas anderes von der Einrichtung erwarten als ihre Kinder. Die Einrichtungsteams, die sich meist mehr als Vertreterinnen der „Interessen" der Kinder, als der der Eltern verstehen, werden dann in ein Spannungsfeld hineingezogen und müssen ihren Teil dazu beitragen, dass die dabei auftretenden Schwierigkeiten gemildert werden.

So erwarten die Kinder einer bestimmten Kindertageseinrichtung vielleicht mehr Unterstützung ihrer eigenen Interessen als den Eltern recht ist. Sie möchten unter Umständen länger oder kürzer in der Einrichtung bleiben oder mehr Zeit zum Spielen haben. Eltern andererseits möchten, dass ihre Kinder mit bestimmten Spielkameraden nicht oder besonders oft spielen. Wichtig ist hier, dass solche Konflikte, die sich oftmals nur versteckt zeigen, entdeckt werden und dass die Erzieherinnen durch ihr Verhalten beitragen, diese aufzulösen oder abzumildern.

Differenzen zwischen den Interessen der Eltern und des Teams

Spannungen ergeben sich hier, wenn die Eltern unterschiedliche Erwartungen an „ihre" Kindertageseinrichtung richten, die vom Team nicht akzeptiert werden. Da erwartet ein Teil der Eltern ein mehr autoritäres Verhalten der Erzieherinnen, mehr gezielte Förderung, mehr Bastelarbeiten, ein anderer Teil ein eher partnerschaftliches Verhalten, mehr Freiraum für Spiel und den Verzicht auf ständige Leistungsnachweise.

> Interessen des Teams decken sich nicht immer mit Anforderungen von Eltern und Kindern.

Die Ursache dieser Differenzen liegt in unterschiedlichen Wert- und daraus folgend Erziehungsvorstellungen. Sie können nicht mit Gewalt gelöst werden, sondern nur im gegenseitigen Dialog. So muss ein Team den Eltern die Gründe für die eigene Position darlegen, aber auch bereit sein, einen Schritt auf die Eltern zuzugehen. Pädagogische Qualität braucht den Dialog, sie darf nicht abstrakt oder lehrbuchmäßig sein.

Differenzen zwischen den Interessen der Kinder und des Teams

Auch wenn sich viele Erzieherinnen vor allem als Vertreterinnen der Interessen der Kinder verstehen, so kommt es doch immer wieder zu Konflikten zwischen den Erwartungen der Kinder an die Einrichtung und dem, was ein Team leisten kann. So kann es sein, dass den Kindern Freiräume fehlen, die Möglichkeit zu toben, laut zu sein etc., und die Erzieherinnen diesen Bedürfnissen nicht entgegenkommen wollen, weil sie „Ruhe" für etwas pädagogisch Wichtiges halten oder Verletzungen befürchten etc. Auch hier entstehen Spannungen aufgrund unterschiedlicher Erwartungen an die Funktion einer Kindertageseinrichtung. Ein Team kann so Gefahr laufen, die eigenen Vorstellungen von einer angenehmen Atmosphäre in der Einrichtung zum Maßstab für die Kinder zu machen. Hier bleibt nichts anderes übrig, als die Spannungen erst einmal wahrzunehmen und auf ihre Ursachen hin zu befragen. Oftmals sind die Erzieherinnen zu sehr von einem eher ideologischen Bild vom Kind bestimmt. Doch bereits Korczak hatte gewarnt: „Wir kennen das Kind nicht, wir kennen es nur aus Vorurteilen!" Kinder als Interessenpartner ernst zu nehmen bedeutet also, sich möglichst vorurteilsfrei ihnen zuzuwenden, sie zu beobachten, mit ihnen zu reden und so ihren wirklichen Interessen, die oftmals sehr kurzfristig und situativ sein können, auf die Spur zu kommen. Kindorientierung setzt hier voraus, dass Erzieherinnen es „wagen", sich auf die oft unklar artikulierten „wahren" Interessen der Kinder einzulassen, Interessen, die noch dazu von Kind zu Kind verschieden sein können.

> Anforderungen des Trägers müssen gegenüber Team- und Elterninteressen berücksichtigt werden.

Differenzen zwischen Träger- und Teaminteressen

Sie resultieren häufig aus unklaren oder unterschiedlichen Definitionen der beiderseitigen Funktions- und Aufgabenbereiche. Träger begehen dabei oftmals den Fehler, sich entweder ganz zurückzuziehen und die Einrichtung vor sich hin „wursteln" zu lassen. Das dabei entstehende Machtvakuum („Wer hat worüber zu bestimmen?") wird dann oft von der Leitung gefüllt, ohne dass sie dazu tatsächlich autorisiert ist. Oder aber der Träger regiert in den pädagogischen Alltag hinein und maßt sich an, bei pädagogischen Fragen mitzuentscheiden. Insgesamt gilt, dass die Aufgabe des Trägers insbesondere darin besteht, einige zentrale Vorgaben zu machen und vor allem die Personalentscheidungen zu treffen. Die Umsetzung dieser Trägervision und -erwartungen sollte an die Leitung delegiert werden, die ihrerseits dann einzelne Kompetenzen an die Mitarbeiterinnen weitergibt. Alle diese Maßnahmen zielen darauf ab, die Motivation und die Handlungssicherheit aller Beteiligten zu erhöhen. Träger sollten darauf verzichten, ihre Mitarbeiterinnen zu gängeln und vielmehr durch Fort- und Weiterbildungsmaßnahmen dafür sorgen, dass die Mitarbeiterinnen die ihnen aufgetragenen Aufgaben auch wirklich ausfüllen können.

Differenzen zwischen Träger- und Elterninteressen

Sie entstehen meistens dort, wo der Träger sein spezifisches Profil gegen die Interessen und Erwartungen der Eltern durchsetzen will oder wo, aus finanziellen Gründen, die Rahmenbedingungen und Ressourcen knapp gehalten werden. Deshalb ist der Streit um das liebe Geld in vielen Einrichtungen zum Dauerthema geworden, was in der Regel dazu führt, dass die Initiative der Mitarbeiterinnen gebremst wird. Insbesondere weltanschaulich geprägte Träger, etwa die christlichen Kindertageseinrichtungen, müssen hier darauf achten, dass sie die möglicherweise stark differierenden Vorstellungen (türkische Kinder erscheinen als Fremdkörper im christlichen Kindergarten, erwerbstätige Mütter widersprechen dem Bild von der „traditionellen Familie" etc.) angemessen respektieren und ihre Mitarbeiterinnen veranlassen, diese didaktisch-methodisch angemessen zu berücksichtigen. Wie die Entwicklungen in anderen Ländern bereits zeigen, wird der Gesetzgeber auf Dauer den Eltern sicher noch mehr Rechte einräumen, so dass Träger gut beraten sind, sich auf die Elternerwartungen frühzeitig einzulassen oder unter Umständen auf die Trägerschaft einer Einrichtung ganz zu verzichten.

Nur wenn die unterschiedlichen Wertvorstellungen erkannt und als Differenzen definiert sind, die im Dialog aufgelöst werden müssen, können nach und nach gemeinsame Werte in einer Einrichtung entstehen, die von allen mitgetragen werden. Auch wenn der Träger und das Team faktisch das Recht haben, ihre Vorstellungen durchzusetzen, so sollten sie auf diese Möglichkeit zugunsten eines Dialogs verzichten. Denn eine gute Kindertageseinrichtung muss schon aus gesetzlichen Gründen immer wieder die Gemeinsamkeiten suchen, die alle verbinden und die für den Fortbestand der Einrichtung unverzichtbar sind.

Differenzen zwischen Teaminteressen und fachlichen Standards

Unterschiedliche fachliche Ansätze müssen auf eine gemeinsame konzeptionelle Ebene gehoben werden.

Natürlich muss es das Ziel einer Einrichtung sein, fachliche Standards möglichst optimal umzusetzen. Im Einzelfall wird dies allerdings nie vollständig gelingen. Immer wird man hier an personelle oder strukturelle Grenzen stoßen, aufgrund derer fachliche und gesetzliche Standards reduziert werden müssen. Hier muss die Leiterin gewissenhaft prüfen, ob hohe fachliche Standards unbedingt eingehalten werden müssen oder ob deren Einhaltung erst über die Jahre hin erreicht werden kann.

Fachliche Spannungen können zunächst inhaltlich angelegt sein. Hier handelt es sich also um Differenzen innerhalb eines Teams, die auf unterschiedlichen allgemeinpädagogischen Perspektiven der einzelnen Mitarbeiterinnen beruhen. Unterschiedliche Ansätze im Bereich der Kindertageseinrichtungen sind immer vorhanden, sie werden aber zu einer Gefahr für ein Team, wenn sie kontrovers bewertet werden. Solche Ansätze sind insbesondere:

1. Kindorientierte Ansätze, die versuchen, mit Hilfe anthropologischer oder psychologischer Theorien ein ganz bestimmtes Bild vom Kind zu entwerfen, das dann als Ausgangspunkt der Arbeit im Kindergarten dienen soll. Als herausragende Vertreter eines sol-

chen Ansatzes können die Waldorfpädagogik und die Montessori-Pädagogik betrachtet werden. Im Mittelpunkt dieser Ansätze steht der Schutz des Kindes vor der (kinderfeindlichen) Umwelt und damit die Schaffung eines kindgemäßen (Schutz-)Raumes, in dem das Kind in Ruhe aufwachsen und sich im „zweckfreien Spiel" entfalten kann.

2. Situationsorientierte Ansätze, die das Kind als Teil von Umwelt und Gesellschaft betrachten und darauf abzielen, Kindern vor allem soziale „Kompetenzen in und für Lebenssituationen" zu vermitteln. Dabei geht es zuallererst um die Auseinandersetzung mit der konkreten und erfahrbaren Wirklichkeit, die zusammen mit der Erzieherin „erobert" und in Besitz genommen wird. Das kindliche Spiel bekommt hier stärker „Rollenspiel- und Projektcharakter". Außerdem werden Eltern und andere Erwachsene in diesem Ansatz stark mit einbezogen. Beispiele dafür sind die verschiedenen Ansätze von Zimmer (1996) und Krenz (1996).

3. Funktions- oder programmorientierte Ansätze, die im Kind vor allem die noch unentdeckten Fähigkeiten und Begabungen sehen und die der Kindertageseinrichtung infolgedessen die Aufgabe zuweisen, diese Begabungen im Sinne einer frühen Förderung im „lernenden Spiel" und durch ständige Anregungen der Erzieherinnen zu entwickeln und zu entfalten. Klassische Vertreter dieses Ansatzes sind Correll (1970) und, im Anschluss an die amerikanische Tradition einer „programmorientierten" Kindertagesstättenarbeit, neuerdings insbesondere Tietze (1998).

Alle drei Ansätze stellen unterschiedliche Perspektiven dar, die, wenn man sie, wie es derzeit in Deutschland geschieht, als sich ausschließende Alternativen diskutiert, in einem starken Spannungsverhältnis zueinander stehen. Dies kann dazu führen, dass eine Handlungsweise der Erzieherin, die im kindorientierten Ansatz als positiv zu bezeichnen ist, im funktions- oder programmorientierten Ansatz geradezu als falsch gelten muss. Ein Team, das gemeinsam handlungsfähig bleiben will, muss sich deshalb über den eigenen Ansatz klar werden. Es kann erst dann eine eigene fachliche Qualität entwickeln, wenn es sich für eine ganz bestimmte Sichtweise entschieden hat. Diese Konzeptionsbildung muss gemeinsam angegangen werden, sie kann die kontroversen Standpunkte enthalten, sie muss aber schlussendlich zu einer gemeinsamen Position führen, von der niemand mehr abweichen darf. Wo diese Voraussetzungen nicht gegeben sind, muss es zu Differenzen und Spannungen kommen, die nicht vermittelbar sind. Leiterinnen sollten deshalb immer wieder darauf achten, dass das gemeinsame pädagogische Grundverständnis von allen geteilt wird und, wo dies nicht der Fall ist, entweder eine Grundsatzdiskussion auslösen oder die abweichenden Kolleginnen mit aller Entschiedenheit (notfalls mit Hilfe des Trägers) auf den gemeinsamen Ansatz verpflichten. Müssen fachliche Spannungen auf ungleiche Kompetenzen zurückgeführt werden, ist es Aufgabe der Leiterin, über interne oder externe Schulungsmaßnahmen alle Mitarbeiterinnen auf ein gleiches Kompetenzniveau zu führen.

Differenzen müssen kontinuierlich und objektiv bearbeitet werden.

Insgesamt gilt: Alle möglichen Differenzen und Spannungen gehören zur Kindertageseinrichtung hinzu und dürfen in keiner Weise moralisiert werden. Niemand ist „schlecht", weil er bestimmte Erwartungen an die Kindertageseinrichtung hat, die von anderen Beteiligten nicht geteilt werden. Hier gibt es in der Regel auch kein richtig oder falsch, sondern hier handelt es sich oftmals um pädagogische Geschmacksfragen, die geklärt werden müssen. Wichtig ist vor allem, dass eine Einrichtung solche unterschiedlichen Positionen erkennt, anspricht und sowohl sachlich als auch engagiert nach konstruktiven Lösungen sucht.

Insbesondere die Leiterinnen der Einrichtungen sollten ihre Mitarbeiterinnen immer wieder darauf hinweisen, dass die Kindertageseinrichtung keinen individuellen, sondern einen öffentlichen Auftrag hat. Vielen Erzieherinnen fällt es oftmals schwer zu akzeptieren, dass, wer hier arbeitet, eine Dienstleistung erfüllt: die eigene Persönlichkeit und die damit verbundene Arbeitskraft werden in den Dienst von Eltern und Kindern gestellt, die ein Recht auf ein möglichst umfassendes Betreuungs-, Bildungs- und Erziehungsangebot haben. Damit ist keine Degradierung zur reinen „Kundenwunscherfüllerin" verbunden. Im Dialog mit den Eltern gilt es, der Erfüllung des Zweckes der Einrichtung so optimal wie möglich gerecht zu werden.

Eine Einrichtung sollte möglichst alle Interessenpartner auf folgende Weise in den Dialog mit einbeziehen:

– die Kinder über die Beobachtung ihrer Lebenssituation und geeignete Verfahren der Kinderbefragung (z. B. Kinderkonferenz, Kindergespräche etc.);

– die Eltern über den regelmäßigen Austausch bei Tür- und Angelgesprächen, Elternabende und Befragungen;

– den Träger über regelmäßige Trägertreffen;

– das Team über den regelmäßigen Austausch;

– die externen Beobachter über die Öffnung der Einrichtung gegenüber Besuchergruppen und Fachberatung bzw. Experten.

Differenzen dürfen auftreten, sie müssen jedoch frühzeitig entdeckt und nach Möglichkeit rasch aufgelöst werden. Verhindert werden muss insbesondere, dass aufgrund von Differenzen Spannungen entstehen, die dann auf Dauer das Klima in einer Einrichtung belasten oder gar vergiften.

Differenzen können insbesondere dadurch aufgelöst werden,

– dass man versucht, sie zu beheben (Eltern möchten, dass in der Kindertageseinrichtung mehr Förderung geschieht, also wird dem stattgegeben);

– dass man versucht, sie zu erklären (dazu wird den Eltern wird über Elternbrief/Elternabend etc. noch einmal zu erklären versucht, wie die aktuelle Förderung durchgeführt wird und warum man sie für ausreichend erachtet);

– dass man einen Kompromiss sucht, der für alle Beteiligten akzeptabel ist (immer am Donnerstagvormittag findet eine Förderstunde statt etc.);

– dass (ausnahmsweise) auf die Konzeption des Hauses verwiesen wird, die respektiert werden muss.

Insbesondere der letzte Weg sollte nur im Notfall eingeschlagen werden. Allerdings kann es durchaus vorkommen, dass sich eine Einrichtung gegenüber allzu fordernden, unzufriedenen Eltern auch einmal durchsetzen muss. Dies gilt es zu vermeiden, da in diesem Falle damit zu rechnen ist, dass diese Eltern ihre Kritik nach außen tragen und dadurch dem Gesamtbild der Einrichtung erheblich schaden.

4 Die zehn Schritte zum KitaManagementKonzept

Das **KitaManagementKonzept** kann in zehn Schritten aufgebaut werden (Abb. 11). Diese Vorgehensweise entspricht der Logik des in Kapitel 3 entwickelten Modells.

Die Teilaspekte in ein Qualitätshandbuch integrieren	10
Evaluationsverfahren festlegen	9
Zweckmäßige Arbeitsstrukturen entwickeln	8
Prozess-Qualitätsstandards festlegen	7
Das Dokumentationssystem anlegen	6
Die Konzeptionsschrift verfassen	5
Die pädagogischen Teilleistungen bestimmen	4
Die Grundkonzeption entwickeln	3
Das Dienstleistungsangebot der Einrichtung festlegen	2
Das Gefühl der Dringlichkeit aufbauen	1

Abb. 11: Die 10 Stufen des KitaManagementKonzeptes

Die einzelnen Schritte werden in den folgenden Kapiteln ausführlich beschrieben. Dabei enthält die Darstellung sowohl die Vermittlung des erforderlichen Hintergrundwissens („Grundsätzliches") als auch Hilfen bei der konkreten Umsetzung („methodische Hinweise und Beispiele"). Obwohl dem ersten Schritt eine besondere Bedeutung zukommt, da eine gemeinsame Arbeitsgrundlage im Team für die Durchführung aller Schritte wichtig ist, muss die Reihenfolge der Schritte nicht unbedingt eingehalten werden. Unterschiedliche Vorgehensweisen sind möglich.

DREI MÖGLICHE FORMEN DER UMSETZUNG DES KITAMANAGEMENTKONZEPTES

1. Die schrittweise Entwicklung aller dargestellten Elemente und deren abschließende Zusammenfassung in einem einrichtungseigenen Qualitätshandbuch.
2. Die Bearbeitung einzelner Stufen aufgrund des konkreten Bedarfs vor Ort.
3. Die Weiterentwicklung bereits vorhandener Elemente durch Anpassung an die hier dargestellten Standards.

4.1. Der erste Schritt: Das Gefühl der Dringlichkeit aufbauen

4.1.1. Grundsätzliches

Die Einführung eines Qualitätsmanagementsystems kann auf Dauer nur erfolgreich sein, wenn es gelingt, einen Großteil der Beteiligten von der Wichtigkeit dieses Vorhabens zu überzeugen. Dort, wo der Träger kein großes Interesse an der Gesamtqualität der Einrichtung zeigt und wo ein Team eher überfordert und unzufrieden erscheint, gilt es, die Bedeutung der Idee für die Zukunft der Einrichtung erst einmal klar zu machen. Oftmals werden Neuentwicklungen von den

Mitarbeiterinnen eher deshalb abgelehnt, weil sie fürchten, dadurch noch mehr als bislang belastet zu werden. Auch Träger fragen häufig besorgt, ob am Ende eines solchen Prozesses sinnvolle Ergebnisse zu verzeichnen sein werden. Wie viele Neuerungen wurden schon begonnen, ohne dass sich daraus echte Verbesserungen ergeben hätten! Wer sich also auf den Weg macht, das **KitaManagementKonzept** für seine Entwicklung anzuwenden, muss vorab alle Beteiligten überzeugen.

VIER WICHTIGE VORBEDINGUNGEN

1. Die Leiterin der Einrichtung ist sich sicher, dass sie dieses System einführen will und dass ihr dies auch (eventuell unter Zuhilfenahme von Experten) gelingen wird. Und diese Überzeugung bringt sie in alle weiterführenden Gespräche glaubhaft ein.
2. Der Träger signalisiert sein grundsätzliches Einverständnis. Er weiß, worum es geht und welche Schritte im Einzelnen auf das Team zukommen. Außerdem ist geklärt, wie viel Geld und Zeit für die Einführung des Qualitätsmanagements verwendet werden können.
3. Die Mitarbeiterinnen erkennen, dass es der Leiterin ernst damit ist, den Entwicklungsprozess in einem überschaubaren Zeitraum (2–3 Jahre) zu einem Ergebnis zu führen. Sie kennen die einzelnen Schritte und wissen, dass ein solcher Prozess nur gelingen kann, wenn ein Großteil des Teams bereit ist, diesen Weg mitzugehen.
4. Die Eltern sind über das Vorhaben so informiert, dass sie erkennen können, welche Ziele angestrebt werden und welchen Nutzen dieses Vorhaben für sie und die Kinder bringt.

In einem 4-stufigen Prozess (siehe Abb. 12) werden dann die Voraussetzungen für den gemeinsamen Prozess der Konzeptionsbildung geschaffen.

Während des Vorbereitungsprozesses ist eine Auseinandersetzung aller Beteiligten über folgende Inhalte wichtig:
– Die Erörterung wichtiger gesellschaftlicher und gesetzlicher Veränderungen (z. B. Situation von Familien und Kindern, KJHG etc.)

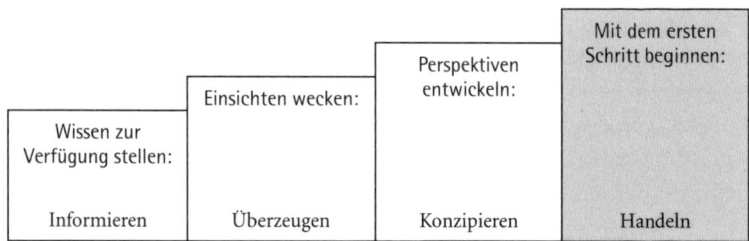

Abb. 12: Vorstufen auf dem Weg zum KitaManagementKonzept

und der zu erwartenden Veränderungen vor Ort (Geburtenzahlen, Bedarfsplanung etc.);

– die Diskussion der zu verändernden Anforderungen an Kindertageseinrichtungen (z. B. flexible Öffnungszeiten, unterschiedliche Elternerwartungen etc.);

– die Auseinandersetzung mit der Debatte um Qualität in Kindertageseinrichtungen (KES, Kronberger Kreis, DIN EN ISO 9000 ff. etc.);

– der Vergleich der eigenen Konzeption mit der Arbeit in anderen Kindertageseinrichtungen etc.

Falls es einem Teil der Beteiligten an der erforderlichen Motivation und Bereitschaft fehlt, sich auf die Entwicklung des **KitaManagementKonzepts** einzulassen, können im Vorlauf folgende Schwierigkeiten auftauchen:

■ Eine zu wenig motivierte Leiterin bringt nicht den langen Atem auf, das Projekt durchzuführen. Sobald sich Schwierigkeiten ergeben und neue Aufgaben entstehen, die einen zusätzlichen zeitlichen Einsatz notwendig machen, erlahmt das Interesse.

■ Der Träger ist nicht bereit, der Leitung der Einrichtung die entsprechenden Kompetenzen zu übertragen, die für das Qualitätsmanagement erforderlich sind (Weisungsbefugnis gegenüber den Mitarbeiterinnen, Gesamtverantwortung für Qualität etc.). Einzelne Mitarbeiterinnen können dann den gesamten Prozess unterlaufen, indem Ergebnisse und Qualitätsstandards einfach nicht umgesetzt werden. Der Prozess wird damit sinnlos, die verwendete Zeit ist vertan.

- Die gemeinsamen Diskussionen mit den Mitarbeiterinnen bleiben fruchtlos, wenn niemand ein inhaltliches Interesse zeigt, bereit ist, neue Aufgaben zu übernehmen und sich insbesondere auf wichtige Aufgaben der Selbstevaluation einzulassen.
- Die Eltern erleben den Prozess als wenig gewinnbringend für die Einrichtung. Sie beklagen sich, dass die Mitarbeiterinnen mehr Zeit für konzeptionelle Prozesse aufbringen, und damit die Kinder vernachlässigen.

Gerade der Leiterin muss es gelingen, die notwendigen Voraussetzungen zu schaffen. Dazu muss sie das Vertrauen aller Beteiligten gewinnen und ein Klima schaffen, in dem die Einführung des **KitaManagement-Konzepts** als eine positive Herausforderung und als ein persönlicher Gewinn erlebt wird. Dazu gehört auch, dass ein maßvolles Gefühl des Stolzes auf die eigene Einrichtung entsteht.

4.1.2 Methodische Hinweise und Beispiele

Teilschritte:

- ☐ Interesse wecken
- ☐ Informieren und Grundwissen vermitteln
- ☐ Diskussionsprozess in Gang setzen
- ☐ Problembewusstsein in Bezug auf die eigene Einrichtung entwickeln
- ☐ Dringlichkeit erkennen
- ☐ Möglichkeiten zur persönlichen Weiterentwicklung schaffen

Um das Gefühl der Dringlichkeit, ja vielleicht Begeisterung beim Team und bei allen Beteiligten für den anstehenden Prozess zu entwickeln, ist es sinnvoll, alle möglichst frühzeitig in die Überlegungen miteinzubeziehen. Dies geschieht:

1. durch die Schaffung einer gemeinsamen Begriffs- und Wissensbasis: Alle Teammitglieder werden in Debatten über wichtige zukünftige

Belange von Kindertageseinrichtungen (z. B. Rechtsanspruch der Eltern, zurückgehende Kinderzahlen, Konkurrenzdruck, Dienstleistungsorientierung etc.) intensiv miteinbezogen. Dazu finden auf der Grundlage von Informationen aus Fachzeitschriften oder aus Fortbildungsveranstaltungen Teamkonferenzen statt, die offene Diskussionen erlauben. Einzelne Teammitglieder sammeln beispielsweise über gewisse Themen Material oder besuchen gezielt Veranstaltungen und informieren die Kolleginnen in einer Teamsitzung. Anschließend liegt das Material zum Nachlesen aus;

2. durch die Diskussion der Situation in der eigenen Einrichtung: Die gewonnenen Erkenntnisse und Perspektiven werden auf die Situation der eigenen Einrichtung bezogen und diskutiert. Hier kann die Fachberatung hinzugezogen werden und als Experte für die Situation in der Region mit Einblick in die einzelnen Einrichtungen neue Aspekte als Diskussionsgrundlage einbringen. Auch der Träger kann zu einer derartigen Teamsitzung mit eingeladen werden, um einen gemeinsamen Diskussionsprozess in Gang zu setzen;

3. durch Information über Zweck, Inhalte und Nutzen von Qualitätsmanagementsystemen: Die Teammitglieder werden über die Elemente eines QM-Systems informiert und setzen sich damit auseinander. Beispielhafte Darstellungen anhand von bestehenden Konzeptionen, Dokumentationsformen oder Qualitätshandbüchern veranschaulichen das System;

4. durch die Vorbereitung auf den beginnenden Veränderungsprozess: Das Team wird auf die Chancen und Herausforderungen des Veränderungsprozesses vorbereitet. Durch den Austausch mit Einrichtungen, die bereits ein QM-System installiert haben, erhalten die Teammitglieder einen Eindruck von der praktischen Umsetzung;

5. durch die lückenlose Information über den geplanten Verlauf und durch Einbeziehung aller Interessenpartner bei wichtigen Entscheidungen, die die Gestaltung des Veränderungsprozesses betreffen.

4.2. Der zweite Schritt: Das Dienstleistungsangebot der Einrichtung festlegen

4.2.1 Grundsätzliches

Die Aufgabenstellung einer Kindertageseinrichtung ist im § 22 KJHG sehr offen gehalten. Darin wird weder etwas über die Öffnungszeiten, noch etwas über die genaue Zusammensetzung der Kindergruppen, die konkrete Beteiligung der Eltern etc. ausgesagt. Deshalb ist es wichtig, dass sich das Team zunächst in einer eingehenden Analyse mit der allgemeinen Situation und den möglichen Erwartungen aller Beteiligten bezüglich des Zwecks der Einrichtung auseinandersetzt. Dadurch, dass es den „Allerweltskindergarten" immer weniger gibt, muss zunächst ganz vorurteilsfrei danach gefragt werden, welche spezifische Ausrichtung die eigene Einrichtung haben soll. Gefragt werden muss zum Beispiel, welche Kinder und Familien die Einrichtung nutzen könnten, in welchem Umfeld sie sich befindet (z. B. örtliche Gegebenheiten, Infrastruktur), bei vorhandenen Einrichtungen, welches Personal dort arbeitet, wie die gegenwärtige Ausgangslage aussieht und welche Erwartungen und Anforderungen von Seiten des Trägers und sonstiger beteiligter Institutionen (Aufsichtsbehörde, Kommune usw.) bestehen. Bei dem komplexen Geflecht, das eine Kindertageseinrichtung umgibt, wäre eine rein „intuitive" Einschätzung der Ausgangslage oder eine Entscheidung „aus Erfahrung" zu ungenau und risikoreich.

Um ein möglichst detailliertes und vielseitiges Bild von der Situation der Einrichtung zu bekommen, müssen deshalb mit Hilfe von Analysen und Befragungen Daten erhoben werden.

Mit einer in der Pädagogik unüblichen Terminologie könnte man diesen ersten Schritt als Marktanalyse bezeichnen; wobei der Unterschied zum Wirtschaftssystem vor allem darin liegt, dass im pädagogischen Bereich nicht ein Markt gesucht wird, um etwas verkaufen zu können. Die Aufgabe des „Marketingprozesses" besteht darin, den Bedarf und die Nachfrage nach der sozialen Dienstleistung „Kinder-

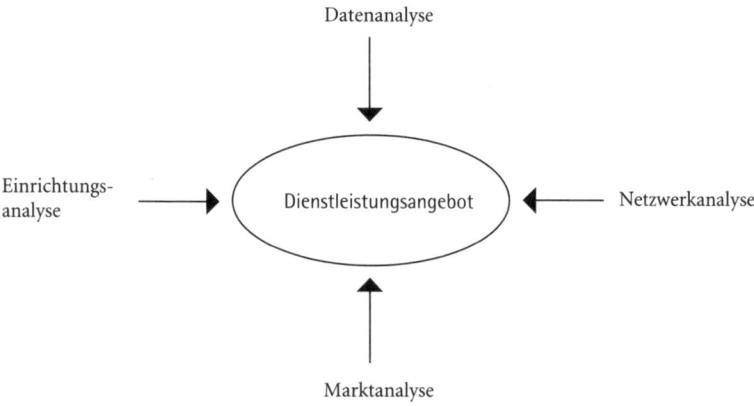

Abb. 13: Analyse des Dienstleistungsangebots

tagesbetreuung" zu ermitteln und – bei einer allgemeinen hohen Bedarfsdeckung und der daraus resultierenden Konkurrenzsituation – die Nachfrage nach Plätzen in der eigenen Einrichtung zu fördern. Gesucht wird hier das „Dienstleistungsangebot", das dem konkreten Bedarf optimal entspricht. Dabei gilt es auch, mögliche Profilbildungen (z. B. die Integration behinderter Kinder, eine besondere Form der Stadtteilorientierung usw.) zu erkennen.

4.2.2 Methodische Hinweise und Beispiele

Teilschritte:
Eine konkrete Datenanalyse durchführen

☐ Sich einen Überblick über die Konzepte der anderen Einrichtungen verschaffen (Marktanalyse)

☐ Die eigenen Gestaltungsmöglichkeiten sondieren (Einrichtungsanalyse)

- ☐ Mögliche Profilbildungen erkennen und diskutieren (Netzwerkanalyse)
- ☐ Sich auf ein bestimmtes Dienstleistungsangebot festlegen

Das Festlegen des Dienstleistungsangebotes erfolgt in fünf Schritten:

1. Schritt: Datenanalyse

Ein wichtiger Bezugspunkt jeder zukünftigen Kindertageseinrichtung muss die genaue Beschreibung der Situation vor Ort sein. Nur vor diesem Hintergrund kann dann ein eigenständiges und bedarfsgerechtes Angebot entwickelt werden.

Um zuverlässige Informationen zu erhalten, sind Untersuchungen und Befragungen nützliche Instrumente. Bei der Neugründung einer Einrichtung werden die erforderlichen Daten wie zum Beispiel Platzzahl, Art der Einrichtung etc. in der Regel im Rahmen des örtlichen Bedarfsplans vorgegeben. Auch bei bestehenden Einrichtungen können Informationen aus der kommunalen Kinder- und Jugendhilfeplanung herangezogen werden, eventuell verfügt der Träger oder die Kommune noch über zusätzliche Erhebungsdaten.

Neben den „harten" Daten sollten auch Zukunftsprognosen in die Bedarfsanalyse einfließen. Dabei handelt es sich um Annahmen über gesellschaftliche Veränderungen, die Entwicklung der Kinderzahlen oder die zukünftige Ausweisung von Bauland. Globale Prognosen, wie sie von den Ministerien veröffentlicht werden, können ebenso herangezogen werden wie stadtplanerische Prognosen der zuständigen Kommune.

Diese Daten bilden den Hintergrund der Arbeit und müssen immer wieder aktualisiert und bezüglich der Bedeutung für die Einrichtungen eingeschätzt werden. Sie ergeben dann zugleich Ansatzpunkte für mögliche Profilbildungen oder Schwerpunktsetzungen.

Die Grundlage für diese Arbeit bildet die systematische Situationsanalyse in Form einer „sozialen Landkarte". Folgende Aspekte sind dabei von besonderer Bedeutung:

1. Soziale Daten:
Zusammensetzung der Bevölkerung nach Nationalitäten, Familienformen, Altersstruktur, soziale Schichtung etc. (wichtige Daten enthalten beispielsweise die Kinder- und Jugendhilfepläne der Kommune).
2. Ökologische Daten:
Wohn-, Verkehrssituation, Lebenswelt der Kinder, Spielplätze, gefährliche Straßen etc.
3. Politische Daten:
Politische Ansprechpartner, Bezirksausschüsse, Kinderbeauftragte, etc.
4. Institutionelle Daten:
Übersicht über alle wichtigen sozialen Institutionen eines Stadtteils
5. Informelle Daten:
Übersicht über wichtige Gruppen (Vereine, Selbsthilfegruppen, Initiativen etc.)

Offenheit und Lernfähigkeit von Kindertageseinrichtungen zeigen sich vor allem in der Art, wie vorbehaltlos die konkreten Bedingungen des jeweiligen Einzugsgebietes analysiert werden. Immer wieder klagen Einrichtungen über zu unruhige Kinder, über zu schwierige Eltern und über ihr soziales Umfeld. Genau damit aber drücken sie nichts anderes aus, als ihre Unzufriedenheit mit ihrer konkreten Situation vor Ort. Richtig wäre es hier, sich dieser Situation vorurteilsfrei zu stellen und zu versuchen, darauf mit einem Konzept zu reagieren, das sich insbesondere orientiert

1. an den konkreten Lebenssituationen der Kinder vor Ort, ihren Bedürfnissen, ihren Wünschen und ihren Interessen. Hier gilt es zu fragen, wer diese Kinder sind, was sie brauchen und was die Einrichtung ihnen geben kann.
2. an den konkreten Lebenssituationen der Familien vor Ort, insbesondere der Mütter. Hier gilt es vor allem festzustellen, welche Betreuungsformen gebraucht werden und was die Kindertageseinrichtung tun kann, um die Familien bei ihrer Erziehungsaufgabe zu unterstützen.

2. Schritt: Marktanalyse

Die Ergebnisse der Datenanalyse müssen dann daraufhin geprüft werden, inwiefern der festgestellte Bedarf nicht bereits durch das im Stadtteil bestehende Netz von Kindertageseinrichtungen und Betreuungseinrichtungen, abgedeckt wird. Hier käme es unter Umständen darauf an, die „Lücke" im Angebot zu finden, die ein eigenständiges Profil möglich macht und die die Einrichtung für den Stadtteil „unverzichtbar" werden läßt.

Besondere Einrichtungsprofile zeichnen sich dadurch aus, dass sie vom „Regelkindergarten"-Konzept abweichen.

UNTERSCHIEDLICHE PROFILE IN KINDERTAGESEINRICHTUNGEN

- [ ] Dienstleistungsprofil: außergewöhnliche Öffnungszeiten mit Früh- und Spätdiensten, besonders flexible Betreuungszeiten, Bring- und Abholdienste, Mahlzeiten etc.
- [ ] Pädagogisches Profil: besondere pädagogisch-didaktische Schwerpunktsetzungen, wie z. B. Montessori-Pädagogik, „Bewegungs"-/ Waldkindergarten etc.
- [ ] Werteprofil: religiös ausgerichtete Kindergärten, Integration von Kindern mit besonderen Bedürfnissen (Kinder mit Behinderungen, ausländische Kinder etc.)
- [ ] Zielgruppenprofil: Öffnung der Einrichtung für Krippen- und Hortkinder
- [ ] Stadtteilprofil: Angebot von Räumen für Eltern-Kind-Gruppen, Familiendienste, Elterninitiativen und Selbsthilfegruppen etc.

---

3. Schritt: Einrichtungsanalyse

Nun lautet die Frage, welche Ressourcen innerhalb der eigenen Einrichtung vorhanden sind und welche Fähigkeiten und Interessen von den Erzieherinnen bzw. vom Team und vom Träger eingebracht werden. Das bedeutet im Einzelnen:

- Was können und möchten wir den Kindern, Familien und dem Umfeld geben?

- Welche Visionen und Ideale tragen wir in uns?
- Welchen Zielgruppen gegenüber sind wir aufgeschlossen und was wollen wir beitragen, damit Kinder und Eltern „glücklich" werden?
- Welche räumlichen, finanziellen und anderen Ressourcen stehen uns zur Verfügung?
- Können die mit den bestehenden Zielsetzungen verbundenen gesetzlichen Vorgaben erfüllt bzw. eingehalten werden?

Entscheidend kommt es hierbei darauf an, dass es gelingt, die „Visionen" der Teammitglieder bezüglich der Ausrichtung der eigenen Einrichtung zu erkennen und in konkrete Perspektiven umzuwandeln. Auf diese Weise kann eine „kreative Spannung" entstehen, die für den weiteren Konzeptions- und Umsetzungsprozess außerordentlich wichtig ist.

4. Schritt: Netzwerkanalyse

Neben der Suche nach eigenen Ressourcen hängt die Entwicklung einer bestimmten Angebotsform auch davon ab, inwiefern im Umfeld der Einrichtung Netzwerkpartner vorhanden sind, die zu deren Umsetzung beitragen können. Möglich sind hier beispielsweise:

– Beratungsstellen und soziale Dienste, wenn sich die Einrichtung in einem sozialen Brennpunkt befindet;
– Frühförderstellen, Ergotherapeuten, Logopäden, wenn Kinder mit Behinderung aufgenommen werden sollen;
– Volkshochschulen oder andere Bildungseinrichtungen, wenn auf eine spezielle Förderung der Kinder Wert gelegt wird oder wenn auch Angebote für Eltern eingerichtet werden sollen.

Der Ausbau des eigenen Netzwerkes wird oft gefordert, leider aber kaum systematisch betrieben. Durch Netzwerkpartner werden spezielle Informationen zugänglich, Fragen können schnell beantwortet werden, Unterstützung wird möglich.

Folgende Fragen sollte sich ein Team regelmäßig stellen:

- Wer sind wir selbst und was sind unsere derzeitig wichtigsten Schwerpunkte und Ziele?
- Wie sieht unser vorhandenes Unterstützungsnetzwerk aus?
- Wie sieht die Qualität dieses Netzwerkes aus (Häufigkeit der Netz-

werkkontakte, Qualität der Interaktion, Austausch von Ressourcen etc.)

■ Was könnte, müsste getan werden, um die Leistungen dieses Netzwerkes zu verbessern?

■ Welche zusätzlichen potentiellen Netzwerkpartner sollten wir noch hinzugewinnen? Welchen Nutzen hätten wir davon?

■ Wie könnte eine mögliche Strategie für die Erweiterung des Netzwerkes aussehen?

Nur wenn Einrichtungen über ein starkes Netzwerk verfügen, können sie auch optimal für Kinder und Eltern sein: als Hilfe für ein versagendes Netzwerk Familie, als Vermittler an ein anderes Netzwerk (Frühförderung); als Netzwerkpartner innerhalb eines größeren Netzwerkes oder als Vermittler zwischen auseinandergebrochenen Netzwerken.

5. Schritt: das endgültige Dienstleistungsangebot festlegen

Nach der Bestandsaufnahme folgt die Analyse und Überprüfung der Daten und Informationen. Prognostische Aussagen über qualitative und quantitative Entwicklungstrends vervollständigen das Bild. Die Zusammenfassung sollten Team und Träger gemeinsam diskutieren.

Die Einbeziehung des Teams in alle Schritte der Bedarfsanalyse ist wichtig, da die Mitarbeiterinnen einen Einblick in die Hintergründe erhalten, die den Blickwinkel für spätere konzeptionelle Überlegungen vor allem im Hinblick auf die Orientierung an der Situation von Familien mit unterschiedlichen Problemstellungen erweitern. Darüber hinaus steigt die Kompetenz des Teams sowie das Verantwortungsbewusstsein für die Gestaltung der Qualität der Einrichtung.

Bei der Neugründung von Einrichtungen, gegebenenfalls auch bei bestehenden, wird der Träger in dieser Phase Rahmenbedingungen vorgeben bzw. mitbestimmen: zum Beispiel die Größe der Einrichtung und die personelle Ausstattung, Aufnahmekriterien und Gebührenstruktur, den Zweck der Einrichtung und globale Zielvorstellungen wie Dienstleistungsorientierung, Betreuung von Kindern verschiedener Altersgruppen, Integration etc.

Legt man so das Dienstleistungsangebot einer Einrichtung fest, bekommt sie zugleich eine eigene Ausrichtung. Einige Beispiel hierfür:

- Erzieherinnen erreichen in einem fünfgruppigen Kindergarten, dass, sollten behinderte Kinder im Einzugsbereich leben, eine der bestehenden Gruppen reduziert wird und diese Kinder aufnimmt. Die Regelung wird vollkommen flexibel gehandhabt.

- Aufgrund des dringenden Bedarfs richten Erzieherinnen eines zweigruppigen Kindergartens im Haus eine Gruppe für die Zweijährigen ein. Durch offenes Arbeiten wird die Integration der „Kleinen" ins Haus und ein problemloser Übergang in den Kindergartenbereich für die Kinder gewährleistet, die drei Jahre alt geworden sind.

- Eine Kinderkrippe entschließt sich auf Drängen der Eltern und aufgrund der eigenen Überzeugung, die Gruppenstruktur radikal zu verändern und altersgemischte Gruppen (0–6) zu organisieren.

- Ein Kinderhaus mit Kindergarten und Hortkindern beginnt damit, die Nutzung der vielfältigen Räumlichkeiten zu optimieren. Ein Elterncafé wird eingerichtet, zweimal pro Woche steht der Gymnastikraum einer Gruppe von Müttern mit ihren Kleinstkindern zur Verfügung, einmal pro Woche werden Schulkinder, die nicht dem Hort angehören, zum Mitspielen ins Haus eingeladen.

- Ein Kinderhaus in einem sozialen Brennpunkt wird zur Anlaufstelle für Familien mit Problemen. Der sozialpädagogische Dienst hält seine Sprechstunden im Haus ab, die Schwellenangst der Eltern wird abgebaut.

- Frühförderdienste werden in die Arbeit eines Hauses organisatorisch integriert, damit Eltern der Weg ins Stadtzentrum erspart bleibt.

- Schwimmkurse, Gymnastikstunden und Kurse werden vom Kindergarten mitveranstaltet, wo nötig, werden die Kinder an die entsprechenden Orte gebracht.

Deutlich wird hier, dass die Schaffung neuer Angebotsformen nicht nur den Elternwünschen entgegenkommt, sondern auch die Gelegenheit bietet, das Haus zu profilieren und es für die Außenstehenden erkennbar zu machen: „Ist das nicht die Einrichtung, in der ...?" Ein solches Profil kann, wenn es von den Teammitgliedern wirklich persönlich gewollt und verantwortet wird, einer Einrichtung eine unverwechselbare Identität verschaffen und eine „kreative Spannung" erzeugen, die langfristig die Motivation des gesamten Teams sichert und damit eine optimale Grundlage für eine hohe Qualität bietet.

4.3 Der dritte Schritt: Die Grundkonzeption entwickeln

4.3.1 Grundsätzliches

Steht das Dienstleistungsangebot einer Einrichtung fest, dann gilt es, die wichtigsten Grundlagen der Arbeit zu diskutieren und festzulegen. Die dabei entstehende Grundkonzeption bietet sowohl die motivationale, als auch die inhaltliche Grundlage für die zukünftige Arbeit eines Teams. Sie umfasst die genaue Bestimmung der Ziele einer Einrichtung, die Formulierung des Selbstverständnisses der darin Arbeitenden und die Festlegung bestimmter Prinzipien, die die Ausrichtung der Arbeit näher bestimmen.

Eine klare Grundkonzeption ist wichtig, weil
– die Gesetze eine konkrete Ausgestaltung der Arbeit nicht nur vorschreiben, sondern fordern, dass diese an den Bedürfnissen der Eltern und Kinder orientiert wird,
– die unterschiedlichen Erwartungen der Eltern institutionell eingegrenzt werden müssen, damit es nicht zum Konflikt der Eltern untereinander kommt,
– Kinder eine in sich stimmige pädagogische Atmosphäre brauchen, in der sie sich sicher und wohlfühlen können,
– die unterschiedlichen pädagogischen Vorstellungen der Erzieherinnen aufeinander abgestimmt werden müssen, damit es nicht zu gravierenden Differenzen kommt,
– die Mitarbeiterinnen eine ideelle Grundlage brauchen, aus der sie

ihre Motivation schöpfen und an der sie ihre Arbeit orientieren können,
- die Leiterin klare Zielvorgaben braucht, um ihre Einrichtung wirklich führen zu können,
- der Träger ein Interesse an der Verlässlichkeit der Einrichtung im Hinblick auf bestimmte Zielsetzungen hat und diese Ziele für Träger und Öffentlichkeit transparent sein sollen,
- eine Organisation ohne gemeinsame Ziele nicht erfolgreich sein kann.

Viele Einrichtungen haben ein Konzept, aber keine Konzeption. Der Unterschied liegt darin, dass eine Konzeption die wesentlichen Elemente, die eine Einrichtung bestimmen, klar definiert und aufeinander abstimmt.

Eine Konzeption ist eine schriftliche Ausführung aller inhaltlichen Schwerpunkte, die in dem betreffenden Kindergarten/einer Kindertageseinrichtung für die Kinder, die Eltern, die Mitarbeiterinnen selbst, den Träger und die Öffentlichkeit bedeutsam sind. (Krenz, 1996, S. 13)

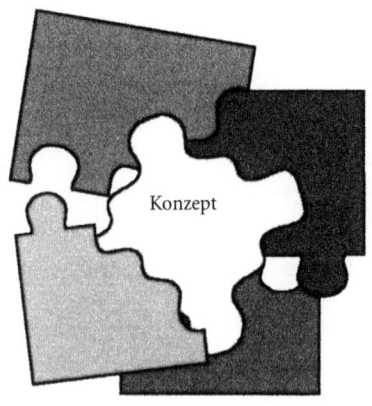

Abb. 14: Vom Konzept zur Grundkonzeption

Zwei Gründe sprechen dagegen, Konzeptionen lediglich voneinander abzuschreiben:

Erstens geht man in der Organisationstheorie heute davon aus, dass vordergründige Zweckbestimmungen („Kinder erziehen, bilden und betreuen") niemals ausreichen, um eine Organisation über Jahre hinaus optimal zu führen. Sehr gute Einrichtungen brauchen längerfristige Orientierungen an gemeinsamen Visionen, die geeignet sind, die Motivation eines Teams über Jahre hinaus zu erhalten. Solche Konzeptionen können aber nicht von oben (durch die Leitung) verordnet werden. Sie entstehen dort, wo ein konkretes Team zusammen über den Zweck der eigenen Organisation nachdenkt, wo kreativ und zukunftsorientiert gedacht wird. Eine gemeinsame Zukunftsvorstellung ermöglicht längerfristige Perspektiven (im Gegensatz zu kurzfristigen Problemlösungen), Innovationen und regt die Suche nach neuen Lösungen an. Während eine gemeinsamen Konzeption entsteht, entwickelt sich ein tiefes gemeinsames Interesse, das die persönlichen Vorstellungen der einzelnen Teammitglieder widerspiegelt und eine gemeinsame Identität schafft.

Der zweite Grund ist genauso offensichtlich: Jedes Haus muss einzigartig sein, weil es sich an den konkreten Familien und Kindern, die in diesem konkreten Stadtteil, in diesem konkreten Umfeld wohnen und leben und die seine Zielgruppe ausmachen, orientieren soll. Der Respekt gegenüber diesen konkreten Menschen verbietet es, sie über „einen Kamm zu scheren", indem man ihnen lediglich ein Allerweltskonzept bietet.

4.3.2 Schritte bei der Entwicklung von Zielen, dem Selbstverständnis und Prinzipien

Die Erarbeitung einer Konzeption sollte auf jeden Fall im gesamten Team geschehen. Kontinuierliches Arbeiten – möglichst am Stück – ist wichtig, da es sich dabei um die Festlegung der Grundlinien handelt. Benötigt man bereits hier viele Monate, sind die Teammitglieder

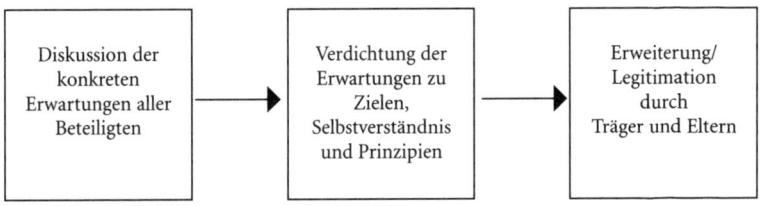

Abb. 15: Teilschritte beim Aufbau einer Konzeption

zu lange ohne Orientierungsgrundlage, wodurch die Gefahr entsteht, dass das Team oder einzelne Teilgruppen sich im Alltagsgeschehen auseinander entwickeln. Um dies zu verhindern, müsste die Leitung stark lenkend die Grundlinien vorgeben, ohne sich auf einen breiten Konsens im Team berufen zu können. Außerdem besteht die Gefahr, dass die Motivation des Teams leidet, wenn langandauernde Diskussionen geführt werden, ohne dass „greifbare" Ergebnisse entstehen.

Die Entwicklung einer Einrichtungskonzeption erfolgt idealerweise in drei Schritten (vgl. Abb. 15):

1. Schritt: Diskussion der konkreten Erwartungen aller Beteiligten

Die Diskussion der Erwartungen aller Beteiligten sollte zunächst vom Team ausgehen. Am besten versucht man, die unterschiedlichen, teilweise widersprüchlichen Erwartungen aller Beteiligten (Eltern, Kinder, Träger, Umfeld) einschließlich der eigenen zu ergründen und aufzuschreiben. Dazu kann auch ein Blick in die Geschichte der Einrichtung oder eine Auseinandersetzung mit dem eigenen Berufswunsch sinnvoll sein. Wichtig ist, dass diese Auseinandersetzung offen und ehrlich geführt wird, keinerlei Zensur erfolgt und die einzelnen Aspekte, falls strittig, ruhig ausführlich diskutiert werden. Weil diese Diskussion zeitintensiv ist, erscheint es oftmals sinnvoll, dafür ein Wochenende oder Schließtage zu verwenden. Parallel zu diesem Prozess sollte der Träger (evtl. auch der Elternbeirat) gebeten werden, seine Erwartungen an die Einrichtung zu formulieren.

Auf diese Weise erhält man eine Fülle von möglichen Zielvorgaben der Interessenpartner (z. B. die Kinder wollen sich wohlfühlen, der Träger wünscht die Umsetzung von Tendenzzielen, die Eltern wünschen sich optimale Öffnungszeiten etc.). Wichtig ist hier, die jeweiligen Hintergründe der Erwartungen ausgiebig zu diskutieren und nicht vorschnell beiseite zu schieben. Das Team kann hier lernen, was es heißt, offen für die Wünsche und Erwartungen des Umfeldes zu sein.

2. Schritt: Verdichtung der Erwartungen zu Zielen, dem Selbstverständnis und Prinzipien

Sind alle Erwartungen zusammengetragen und geklärt, dann werden diejenigen nach folgendem Muster hervorgehoben, die man vorrangig erfüllen möchte bzw. sollte:
- Erwartungen der Kinder und Eltern werden als Ziele formuliert (z. B.: Wir sorgen dafür, dass Kinder sich wohlfühlen, wir erziehen die Kinder zu sozialem Verhalten, wir bieten optimale Öffnungszeiten). Wichtig ist, dass eine Einrichtung nicht zu viele Ziele formuliert, weil so die Konzeption leicht unübersichtlich wird.
- Erwartungen des Teams und des Trägers bilden den Ausgangspunkt für die Formulierung des eigenen Selbstverständnisses (z. B.: Offenheit, Freundlichkeit, Engagement des Teams etc.) sowie bei der Arbeit wichtig erscheinender didaktisch-methodischer Prinzipien (z. B. Situationsorientierung, Offenheit, Orientierung an einer bestimmten Pädagogik etc.)

Arbeitsgruppen können dann danach gehen, die einzelnen Aspekte auszuführen und dem Team dann zur weiteren Diskussion vorzulegen. Die Leiterin übernimmt dabei die Moderation: Sie leitet die Diskussionen, gibt Anregungen und fasst jeweils die Ergebnisse zusammen.

3. Schritt: Erweiterung/Legitimation durch Träger und Eltern

Ist die konzeptionelle Grundlage erstellt, sollte sie zunächst dem Träger mit der Bitte um Ergänzung und Zustimmung vorgelegt werden. Erst durch diesen Akt der formalen Zustimmung erlangt die Grundkonzeption ihre endgültige Verbindlichkeit. Eltern können und sollen – je nach den örtlichen Gegebenheiten – natürlich mit in die Beratungen um die Konzeption einbezogen werden. Auf jeden Fall muss der Elternbeirat regelmäßig über den Stand der konzeptionellen Arbeit im Team informiert und gebeten werden, seinerseits Anregungen einzubringen und sich zu beteiligen.

4.3.3. Methodische Hinweise und Beispiele

Teilschritte:

- ☐ Konkrete Erwartungen aller Beteiligten erfassen
- ☐ Meinungs- und Konsensbildung moderieren
- ☐ Einrichtungsziele, Aussagen zum Selbstverständnis und Prinzipien formulieren
- ☐ Legitimation durch den Träger anstreben

Eine wirklich visionäre Konzeption kann nur da entstehen, wo die Stimmung in einem Team gut, zumindest nicht schlecht ist. Sollten Konflikte und Blockaden bestehen, muss man versuchen, diese vorweg zu thematisieren und nach Möglichkeit aufzulösen.

Die Entwicklung einer Konzeption sollte in einer positiven Atmosphäre erfolgen. Eine zweistündige Teamsitzung reicht dafür auf keinen Fall aus und führt nur dazu, dass die Dinge noch unklarer werden, als sie vielleicht schon vorher waren. Am besten nimmt man sich einen oder mehrere Tage Zeit. Dies bringt auch den Vorteil mit sich, dass am Ende dieser anstrengenden Zeit bereits erste konkrete Ergebnisse erzielt werden können.

Vier Möglichkeiten der methodischen Vorgehensweise bei der Entwicklung der Grundkonzeption bieten sich an:

Abb. 16: Vier Methoden der Konzeptionsentwicklung

a) Analyse der Erwartungen als Basis für die Formulierung gemeinsamer Ziele und des Selbstverständnisses

Bei dieser Methode werden die Erwartungen aller Beteiligten (Kinder, Eltern, Träger, Team, Umfeld) aufgrund einer gemeinsamen Analyse zusammengetragen. Anschließend wird darüber diskutiert, welche „Antworten" die Einrichtung auf die Vielzahl der Erwartungen geben sollte. Erwartungen und mögliche Antworten werden so einander gegenübergestellt. Ziel ist es, möglichst optimale Lösungen zu finden, die geeignet erscheinen, den gemeinsamen und natürlich auch widersprüchlichen Erwartungen aller Interessenpartner bestmöglich zu entsprechen.

Zielformulierungen entstehen aus den Erwartungen der externen Interessenpartner, Begriffe, die das Selbstverständnis der Einrichtung definieren, lassen sich aus den Interessen des Teams ableiten.

Mögliche methodisch-didaktische Prinzipien ergeben sich aus einer Gesamtschau der Interessen aller Partner.

103

Zusammenfassung der externen Erwartungen als Basis für die Formulierung der pädagogischen Ziele:

Externe Interessenpartner	Erwartungen	Mögliche Ziele
Kinder	z. B. • Interessantes und Neues kennenlernen; • Fantasie entfalten; • Platz für vielfältige Aktivitäten; • mit anderen Kindern spielen;	z. B. → Kinder erforschen die Umwelt und werden aktiv. → Die Kinder gehen aufeinander zu und entwickeln Gemeinschaftsfähigkeit.
Eltern		
Träger		
Kommune/Stadtteil		
Gesellschaft		

Abb. 17: Stoffsammlung für die Formulierung pädagogischer Ziele

Analyse der von innen kommenden Erwartungen als Basis für die Formulierung eines Selbstverständnisses:

Interne Interessenpartner	Erwartungen	Aspekte des Selbstverständnisses
Team	z. B. • Gutes Betriebsklima	z. B. • Offener und respektvoller Umgang miteinander
Mitarbeiter/-in		
Leitung		
Träger		

Abb. 18: Stoffsammlung für die Formulierung des Selbstverständnisses

Interessenpartner	Erwartungen	Methodisch-didaktische Prinzipien
Kinder	z. B. • Freiräume; • Mitbestimmung; • Lernen	z. B. • Orientierung am Situationsansatz; • Projektarbeit; • Gemeinwesenorientierung
Eltern	• Förderung; • Erziehung	
Team	• Offenheit; • Flexibilität	
Träger	• Gemeindeorientierung	

Abb. 19: Stoffsammlung für die Formulierung methodisch-didaktischer Prinzipien

b) Die persönlichen Visionen als Ausgangspunkt

Bei der Entwicklung einer Grundkonzeption kann man auch damit beginnen, dass man jede einzelne Mitarbeiterin bittet, ihre eigenen Vorstellungen und Erwartungen bezüglich der Arbeit in ihrer Einrichtung zu formulieren. So bringt man sie dazu, über das Ganze nachzudenken und sich für die gesamte Organisation verantwortlich zu fühlen. Die Fragen könnten etwa so formuliert werden:

- Worin sehe ich den wichtigsten Zweck unserer Kindertageseinrichtung?
- Warum bin ich Erzieherin/Kinderpflegerin geworden? Was fasziniert mich an diesem Beruf?
- Was sollte unsere Einrichtung den Kindern, den Eltern, dem Träger, dem Umfeld geben?
- Was erwarte ich von den Kindern, den Eltern, dem Träger, dem Umfeld, dem Team und der Leitung?
- Welche wichtigen Eigenschaften sollte unser Team haben?

Lässt man jede Mitarbeiterin diese Fragen bearbeiten und trägt dann die Antworten zusammen, so ergibt sich ein buntes Bild von Begriffen, die man diskutieren und vertiefen kann.

Bei dieser Methode wird davon ausgegangen, dass die Vision eines jeden Einzelnen die Voraussetzung für das Entstehen einer gemeinsamen Vision ist. Die einzelne Mitarbeiterin erhält so einen wichtigen Stellenwert und wird sich ihrer Bedeutung im gesamten Prozess bewusst.

c) Der Blick zurück auf den ursprünglichen Zweck als Möglichkeit zur Vertiefung

Eine weitere Möglichkeit der Konzeptionsentwicklung, die sich insbesondere für Kindertageseinrichtungen mit einer langen Tradition empfiehlt, besteht darin, in die Vergangenheit der Einrichtung zurückzugehen und sich zu fragen, ob der ursprüngliche Zweck und die damit verbundenen Visionen in irgendeiner Weise erneuert werden können. Fragen an Arbeitsgruppen könnten hier lauten:

■ Was wissen wir von der Entstehung/Geschichte unserer Kindertageseinrichtung?

■ Was waren die ursprüngliche Vision und der ursprüngliche Zweck dieser Organisation und was ist damals erreicht worden?

■ Hat sich der ursprüngliche Zweck im Laufe der Geschichte der Einrichtung gewandelt? Warum?

■ Welche Teile der ursprünglichen Zweckbestimmung sind auch heute noch wichtig?

■ Wie muss die Zielsetzung aussehen, die auch noch heute diesen ursprünglichen Zweck bewahren kann?

Hier kann zum Beispiel das Team beauftragt werden, die Geschichte der öffentlichen Kleinkinderziehung seit Fröbel und Pestalozzi zu betrachten und sich zu fragen, welche der Gedanken und Visionen dieser Väter des Kindergartens heute noch wichtig sind und wie sie konkret als Ziele formuliert und umgesetzt werden können.

d) Die Leiterin schlägt Ziele vor

In Ausnahmefällen, insbesondere dann, wenn eine Leiterin eine „schwierige" Einrichtung übernimmt, kann es aus Zeitgründen sinnvoll sein, nicht abzuwarten, bis etwaige Teamkonflikte abgeklungen sind und eine Konzeptionsentwicklung möglich wird. Hier muss die

Leiterin „ihre" Konzeption entwickeln und versuchen, möglichst viele Mitarbeiterinnen von deren Vorzügen zu überzeugen. Sie kann dies tun, wenn sie vom Träger vorbehaltlos unterstützt wird und somit eine entsprechende Rückendeckung hat. Sie sollte sich in diesem Fall aber sicher sein, dass zumindest einige Mitarbeiterinnen bereit sind, diese Konzeption mitzutragen. Die Leiterin muss dann allerdings deutlich zu erkennen geben, dass sie es nicht dulden wird, dass einzelne Mitarbeiterinnen dieser Konzeption zuwider handeln. Ist dann ein Anfangserfolg gelungen, kann die Leiterin beginnen, eine Revision dieser Konzeption zuzulassen und das Team stärker in die gemeinsame Weiterentwicklung einzubeziehen.

4.3.4 Methodische Hilfe bei der Formulierung der pädagogischen Ziele

Bei der Beschreibung der pädagogischen Ziele gegenüber den Eltern ist eine ausführlichere Darstellung sinnvoll. Dabei bietet sich folgende Gliederung an:

Ziel:	„Die Kinder entwickeln Selbständigkeit und eine eigenständige Persönlichkeit"
Begründung:	„In unserer Gesellschaft müssen Kinder früh eigenständige Entscheidungen treffen. Die vielfältigen Möglichkeiten und Beeinflussungen erfordern selbstbewusstes Handeln."
Zielumschreibung:	„Deshalb unterstützen wir von Anfang an die Selbständigkeit Ihres Kindes und tragen so dazu bei, dass es sich zu einer eigenständigen Persönlichkeit entwickelt."
Umsetzung:	„Wir fördern dies durch vielfältige Angebote wie Freispiel, Gruppengespräche, offenes Arbeiten und Projektarbeit."
Appell/Aufforderung:	„Wir freuen uns über Kinder, die eine eigene Meinung entwickeln und diese selbstbewusst vertreten!"

Abb. 20: Aufbau einer Zielbeschreibung

4.4 Der vierte Schritt: Die pädagogischen Teilleistungen bestimmen (Leistungsangebot)

4.4.1 Grundsätzliches

Ist sich das Team über die Grundkonzeption im Klaren, muss es als Nächstes festlegen, auf welche Weise die Ziele umgesetzt werden sollen. Dabei stellt sich die Frage, welches Spektrum an pädagogischen Leistungen für die Umsetzung der Konzeption am besten geeignet ist. Die Zusammenstellung des Gesamtangebotes basiert auf den in der Konzeption festgelegten Werten und Zielen und sollte deren Gewichtung entsprechen.

Unter pädagogischen Teilleistungen versteht man alle Elemente der Arbeit, mit denen sichergestellt wird, dass die angestrebten Ziele auch wirklich erreicht werden.

Diese werden häufig deshalb als „direkte" Teilleistungen bezeichnet, weil sie im direkten Kontakt mit Kindern und Eltern erbracht werden. Sie sind zu unterscheiden von „indirekten" Teilleistungen,

Kinder	Projektarbeit	Förderung	Mahlzeiten	Ruhe
	Begrüßungs-situation	Erzieherinnen-Kind-Beziehung	Gruppen-gespräche	Kleingruppen-angebote
	Freispiel	Ausflüge	Hausaufgaben	Pflege
	Kinderkonferenz	Einzelförderung	Übernachtungen	Bewegungs-baustelle
Eltern	Gemeinschafts-veranstaltungen	Feste	Elternbriefe	Elternprojekte
	Tür- und Angel-Gespräche	Elterngespräche	Elternabende	Eltern-versammlung
Umfeld	Stadtteilfest	Eltern-Kind-Gruppen	Kooperation mit sozialen Diensten	Zusammenarbeit mit der Schule

Abb. 21: Beispiel für direkte Teilleistungen einer Kindertageseinrichtung

worunter man die rein organisatorischen oder verwaltenden Tätigkeiten versteht.

Abbildung 21 stellt einige der klassischen pädagogischen Leistungsangebote in Kindertageseinrichtungen im Überblick vor. Je nach spezifischem Profil einer Einrichtung kommen hier noch weitere Angebotsformen hinzu.

Vor dem Hintergrund der festgelegten Ziele gilt es nun, das Leistungsangebot festzulegen. Dabei muss darauf geachtet werden, dass den gesetzten Zielen entsprechende Leistungsangebote gegenüber stehen. Ist es das Ziel einer Einrichtung, die Kinder zur Selbständigkeit zu befähigen, dann müssen auf der Angebotsseite entsprechende Leistungen angeboten werden, wie z. B. das Freispiel, die Projektarbeit, die Kinderkonferenz, offene Angebote oder Ähnliches.

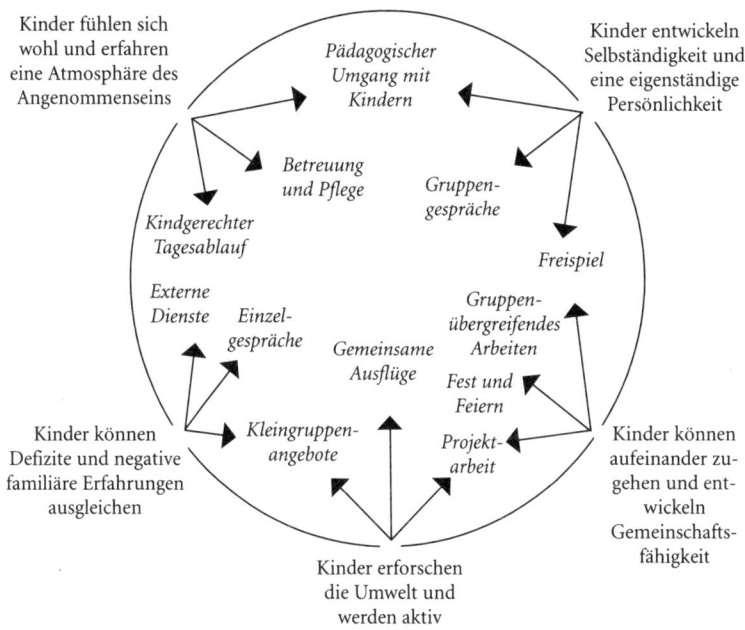

Abb. 22: Zusammenhang zwischen Ziel- und Leistungsbeschreibung

109

Alle pädagogischen Teilleistungen ergeben zusammen einen Überblick über das gesamte Leistungsangebot, das in Anspruch genommen werden kann.

4.4.2 Methodische Hinweise und Beispiele

Teilschritte:

- ☐ Zielvorstellungen in konkrete Leistungen umsetzen
- ☐ Einen Leistungskatalog zusammenstellen
- ☐ Das endgültige Leistungsangebot festlegen

Methodisch geht man bei der Erstellung eines individuellen Leistungsangebotes folgendermaßen vor:

■ **Stoffsammlung anhand der konzeptionellen Ziele**
Um die Umsetzung der Ziele zu gewährleisten, ist es sinnvoll, für jedes Ziel eine Art Stoffsammlung von Umsetzungsmöglichkeiten und Methoden zusammenzustellen. Hier sind der Fantasie keine Grenzen gesetzt. Es wird nicht nur über pädagogische Methoden nachgedacht, sondern auch über ein „Service-Angebot" (z. B. die Einrichtung eines Elterncafés, Baby-Sitter-Vermittlung, öffentlicher Flohmarkt etc.).

Idealerweise beginnt man mit der Sammlung von Umsetzungsmöglichkeiten, die den besonderen Charakter der Kindertageseinrichtung ausmachen. Außenstehende werden als Erstes auf die Umsetzung dieser hervorgehobenen Eigenschaften achten. Wenn „Integration" das charakterisierende Merkmal einer Einrichtung ist, können zunächst damit verbundene Angebote genannt werden, wie z. B. gemeinsame Aktivitäten für behinderte und nicht-behinderte Kinder. Besonders für die Integration behinderter Kinder eignen sich Leistungen wie Bewegungsspiele, die Zusammenarbeit mit Therapeuten, passende Raumausstattung etc.

■ Diskussion über das Leistungsangebot, Entscheidung über die einzelnen Elemente und Gewichtung

Nach der Diskussion der verschiedenen Möglichkeiten setzt das Team Prioritäten, gewichtet die einzelnen Angebote und überlegt, welche in den Aufgabenbereich einer Kindertageseinrichtung gehören und somit in der Verantwortung des Teams liegen und welche Angebote als „Sonderleistungen" in Zusammenarbeit mit anderen Institutionen, mit Eltern oder ehrenamtlichen Helfern organisiert werden können.

■ Dokumentation und Überprüfung des Leistungsangebotes

Um das erarbeitete Gesamtangebot zu überprüfen und gegebenenfalls zu korrigieren, ist es sinnvoll, eine tabellarische Übersicht zu erstellen und diese mit dem Team nochmals auf folgende Punkte hin zu überprüfen:

■ Sind die Bedürfnisse von Eltern und Kindern im Leistungsangebot berücksichtigt und werden sie und die Mitarbeiterinnen damit zufrieden sein?

■ Entspricht das Leistungsangebot den in der Konzeption festgelegten Schwerpunkten der Kindertageseinrichtung?

■ Wo sind eventuell Problembereiche und Unzulänglichkeiten und wie kann sichergestellt werden, dass die Bedürfnisse der Kinder und Eltern erfüllt werden?

Auch der Elternbeirat und der Träger sollten spätestens an diesem Punkt informiert, besser noch in die Diskussion einbezogen werden.

Um die Qualität der Struktur des Leistungsangebotes zu sichern, legt das Team bereits jetzt fest, in welchem Zeitraum und mit welchen Mitteln eine Überprüfung stattfinden soll. Bei einer neu entstandenen Einrichtung oder einer stark veränderten Konzeption wird eine frühzeitige Revision – nach einem „Probelauf" von 3–6 Monaten anzuraten sein, um „Feinabstimmungen" auf die Konzeption vorzunehmen. Bei einem bereits erprobten Angebotsspektrum genügt ein Zeitraum von 1 bis 2 Jahren. Methodische Möglichkeiten der Überprüfung reichen von Meinungsaustausch und Diskussion im Team, unter Ein-

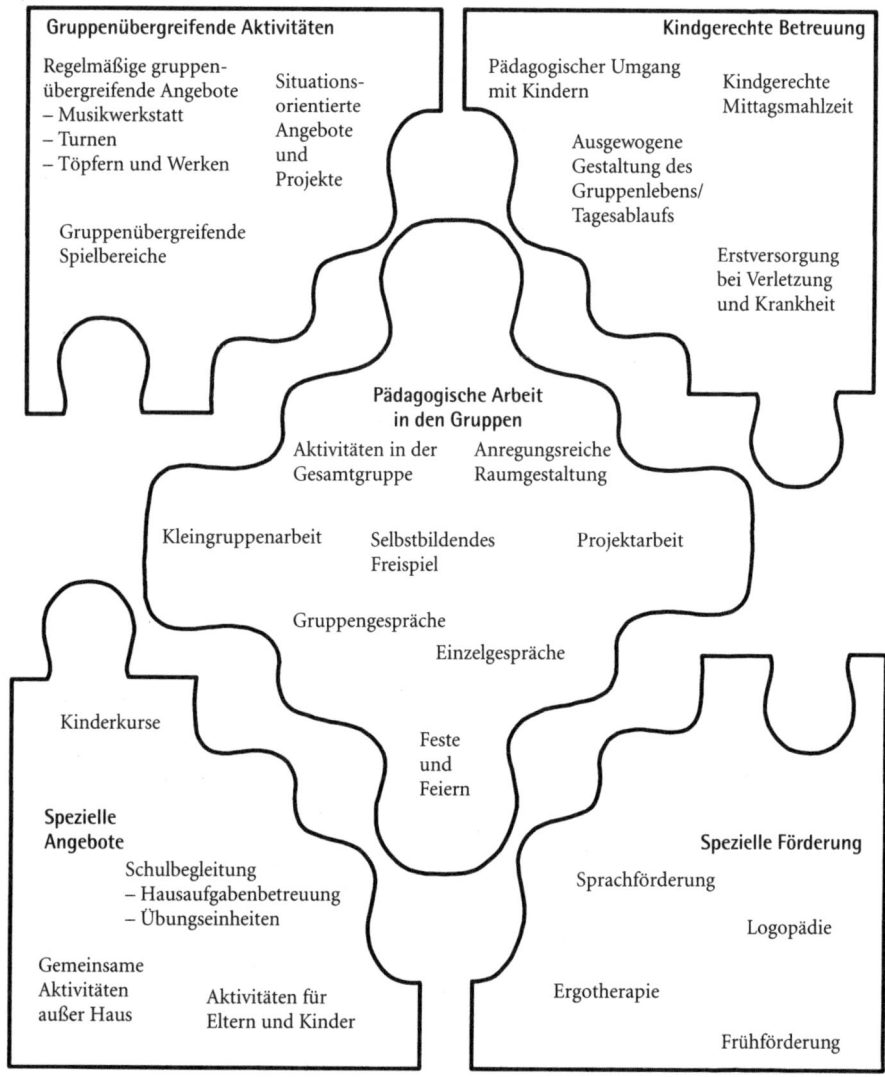

Gruppenübergreifende Aktivitäten

Regelmäßige gruppen-
übergreifende Angebote
– Musikwerkstatt
– Turnen
– Töpfern und Werken

Situations-
orientierte
Angebote
und
Projekte

Gruppenübergreifende
Spielbereiche

Kindgerechte Betreuung

Pädagogischer Umgang
mit Kindern

Kindgerechte
Mittagsmahlzeit

Ausgewogene
Gestaltung des
Gruppenlebens/
Tagesablaufs

Erstversorgung
bei Verletzung
und Krankheit

**Pädagogische Arbeit
in den Gruppen**

Aktivitäten in der
Gesamtgruppe

Anregungsreiche
Raumgestaltung

Kleingruppenarbeit

Selbstbildendes
Freispiel

Projektarbeit

Gruppengespräche

Einzelgespräche

Kinderkurse

Feste
und
Feiern

**Spezielle
Angebote**

Schulbegleitung
– Hausaufgabenbetreuung
– Übungseinheiten

Spezielle Förderung

Sprachförderung

Logopädie

Gemeinsame
Aktivitäten
außer Haus

Aktivitäten für
Eltern und Kinder

Ergotherapie

Frühförderung

Abb. 23: Beispiel: Das Leistungsangebot einer Kindertageseinrichtung

beziehung von Meinungen des Elternbeirats und des Trägers, über die Auswertung von Dokumentationsunterlagen bis hin zu Befragungen aller Beteiligten.

4.5 Der fünfte Schritt: Die Konzeptionsschrift verfassen

4.5.1 Grundsätzliches

Wenn die Entscheidung über Form, Struktur und pädagogische Zielsetzung in der Einrichtung gefallen ist, sollten die bisherigen Ergebnisse und die vereinbarten Leistungen in einer Konzeptionsschrift festgehalten werden. Die Verschriftlichung unterstreicht die Verbindlichkeit und Allgemeingültigkeit der Ziele für die gesamte Einrichtung. Die Einrichtung stellt sich auf diese Weise vor und verpflichtet sich öffentlich, sich an ihren Zielen zu orientieren und die damit verbundenen Leistungen zu erbringen.

Die Konzeptionsschrift ist die Grundlage für die spätere Entwicklung fachlicher Standards, die Weiterentwicklung des Leistungsangebotes für die Einrichtung und dient dem Team als Orientierung, bis detailliertere Zielsetzungen und Vorgehensweisen definiert sind.

Wichtige Elemente einer Konzeptionsschrift

- ☐ Leitbild des Trägers
- ☐ Organisationsform und Gruppenstrukturen
- ☐ Pädagogische Ziele
- ☐ Leistungsangebot
- ☐ Selbstverständnis
- ☐ Wichtige pädagogische Prinzipien/Methoden
- ☐ Profilbeschreibung

Trägerleitbild:
Die wesentlichen Vorgaben des Trägers sollten in der Konzeptionsschrift klar zum Ausdruck kommen. Ist ein Trägerleitbild verschriftlicht vorhanden, so kann dies in Teilen abgedruckt werden. Wenn
das nicht der Fall ist, genügt auch ein Vorwort des Trägers, in dem
zum Ausdruck kommt, welche Ziele der Träger verfolgt und was er
sich von der Einrichtung verspricht.

Organisationsform und Gruppenstrukturen:
Eine Übersicht über die Art und Anzahl der Gruppen. Deren Namen
und Besonderheiten dienen dem Leser zur ersten Orientierung über
das Betreuungsangebot.

Pädagogische Ziele:
Die festgelegten pädagogischen Ziele sollten ansprechend formuliert
und anhand von Bildern illustriert werden. Kurze Erläuterungen und
Beispiele erleichtern das Verständnis.

Leistungsangebot:
Das pädagogische Leistungsangebot beschreibt alle wesentlichen pädagogischen Teilleistungen und ermöglicht den Eltern einen Einblick
in die Arbeitsweise der Einrichtung. Auch diese Darstellung sollte – je
nach Umfang der Konzeption – durch Bilder, Grafiken und Texte illustriert werden.

Selbstverständnis:
Die wichtigsten gemeinsamen Werte, die die Einstellungen des Teams
zum Ausdruck bringen und die für das Verständnis der gesamten Arbeit grundlegend sind, sollten ebenfalls formuliert werden.

Wichtige pädagogische Prinzipien/Methoden:
Gibt es in einer Einrichtung wichtige Prinzipien oder Methoden, an
denen die gesamte Arbeit ausgerichtet ist (z. B. situationsorientiertes
Arbeiten, gruppenübergreifendes, offenes Arbeiten etc.), so gehört

eine Erklärung dazu in die Konzeptionsschrift. Den Eltern als Laien wird so das Verständnis der Arbeit in der Einrichtung erleichtert.

Profil:
Sofern die Einrichtung über ein spezifisches Profil (z. B. Integration behinderter Kinder, Altersmischung, herausragende Umweltorientierung) verfügt, sollte dieser Aspekt an hervorgehobener Stelle präsentiert werden. Das Gleiche gilt, wenn Leitsätze ("Slogans") vorhanden sind, die das Leitbild auf den Punkt bringen.

4.5.2. Methodische Hinweise und Beispiele

Eine Konzeptionsschrift kann unterschiedlich aufgebaut sein. Sie richtet sich im Umfang nach der Größe der Einrichtung. Es gilt die Regel: Je größer eine Einrichtung, umso aufwendiger und umfassender die Darstellung, je kleiner die Einrichtung, umso einfacher und kürzer.

Die Konzeption sollte so gestaltet sein, dass sie als Information sowohl an Eltern als auch an andere interessierte Personen weitergegeben werden kann. Gerade bei neuen Einrichtungen oder bei "Umstrukturierungsmaßnahmen" ist dies besonders wichtig, da der Diskussionsbedarf und das Interesse bei den Eltern in der Regel recht hoch ist und Unsicherheiten in Bezug auf Veränderungen ("Wie sieht das neue Konzept aus und wie wird es sich auf uns und unsere Kinder auswirken?") durch klare Informationen gemildert werden können. Einrichtungen, die ihr "Image" verändern wollen, können diesen langfristigen Prozess mit Hilfe einer Kurz-Konzeption als Info-Broschüre bereits zum frühestmöglichen Zeitpunkt in Gang setzen. In diesem Zusammenhang bietet es sich auch an, mit der neuen Konzeption das erste Mal an die Öffentlichkeit zu gehen, eventuell in Form eines Pressegespräches.

Auch bei der Aufmachung der Konzeptionsschrift sollte der Aspekt der Vermittlung eines Images der Einrichtung beachtet werden. Diese Broschüre hinterlässt bei Eltern und sonstigen interessierten Personen einen ersten Eindruck von der Einrichtung, kann aber auch als Entscheidungsgrundlage dienen, ob man sein Kind in dieser Einrichtung anmeldet oder nicht. Es sollten also alle für Eltern relevanten Informationen in der aktuell gültigen Fassung und einer ansprechenden Form (übersichtlich, mit Bildern versehen, verständlich formuliert) enthalten sein. Um ständig aktuell zu bleiben, kann bei schnell veränderlichen Informationen wie Gebühren und Ferientagen auf Einlegeblätter zurückgegriffen werden.

Nicht zu unterschätzen ist auch der Effekt der „Überprüfbarkeit" durch die Darlegung der konzeptionellen Grundlagen und die öffentliche Verpflichtung dazu. Eltern bzw. alle „Leser" der Konzeption werden die Einrichtung unter den dargestellten Zielen betrachten und feststellen, ob diese ihrer Meinung nach eingehalten werden oder nicht. Man sollte demzufolge darauf achten, welchen Eindruck eine Informationsbroschüre vermittelt, und nachprüfen, ob dieser Eindruck mit dem Alltag im Kinderhaus, vor allem wie er sich den Eltern darstellt, übereinstimmt. Unstimmigkeiten werden hier sehr schnell wahrgenommen und gefährden die Glaubwürdigkeit der gesamten Einrichtung. Eine gut gestaltete, informative und stimmige Konzeption wird jedoch in jedem Fall das Vertrauen der Eltern in die Einrichtung stärken, da sie von vornherein wissen, worauf Wert gelegt, welchen pädagogischen Grundsätzen gefolgt wird und auf welche Rahmenbedingungen und Leistungen sie sich verlassen können.

BEISPIEL FÜR DEN INHALT EINER KONZEPTIONSSCHRIFT

Was Kinder brauchen:	Grusswort des Trägers
Wir über uns:	Selbstverständnis und Qualitätspolitik des Teams
Wer gehört zu uns:	Vorstellung der Gruppen

Unser besonderes Profil:	Darstellung der besonderen Zielsetzung, z. B. Integration behinderter Kinder, gruppenübergreifendes Arbeiten, Gemeinwesenarbeit
Unsere Ziele:	Ausführungen zu den Zielen mit Bildern und Erklärungen
Wie wir arbeiten:	Grafische Darstellung des gesamten Leistungsangebotes
Was finden Sie noch bei uns:	Darstellung weiterer Leistungsangebote (z. B. Mutter-Kind-Gruppen etc.)
Alles auf einen Blick:	Organigramm der Einrichtung

4.6. Der sechste Schritt: Das Dokumentationssystem anlegen

4.6.1 Grundsätzliches

Das Dokumentationssystem umfasst alle Aufzeichnungen, die die Planung und Durchführung der Prozesse in einer Einrichtung betreffen. Als wesentlich können hier alle pädagogischen Prozesse einschließlich der Elternkontakte sowie alle strukturellen Prozesse (wie z. B. Teamarbeit, Vorbereitungsarbeit, Fortbildungsarbeit etc.) gelten.

Ein adäquates Dokumentationssystem plant, beschreibt und hält Ergebnisse der wesentlichen Prozesse einer Einrichtung fest und liefert Informationen über Weiterentwicklungsmöglichkeiten und Verbesserungspotentiale.

Ein Dokumentationssystem zur Beschreibung aller wichtigen Prozesse ist erforderlich, um die Grundkonzeption abzusichern und eine geregelte Planung und Durchführung der pädagogischen Arbeit zu ermöglichen.

Oftmals werden in Teams Ergebnisse nur mündlich im Rahmen einer Teamreflexion ausgetauscht. Es werden Elterngespräche geführt, aber nicht übersichtlich protokolliert, Kinder beobachtet, ohne dass dafür klare Kriterien formuliert worden sind, Projekte durchgeführt, ohne dass schriftliche Vor- und Nachbereitungen stattfinden.

Ein Dokumentationssystem

– erlaubt den Überblick über mögliche Veränderungen, Verbesserungen und Schwierigkeiten und stellt die Grundlage dar für fachliches Handeln;
– bietet die Möglichkeit, Prozesse und damit verbundene Entwicklungen langfristig zu verfolgen und daraus adäquate Handlungsperspektiven zu entwickeln;
– unterstützt ein situationsorientiertes Arbeiten durch Verbindung von Interessen und Themen aus der Kindergruppe und Planen für einen angemessenen Zeitraum mit der Möglichkeit, die Planung auch kurzfristig der Situation anzupassen;
– erlaubt den Vergleich und die fachliche Diskussion mit den Kolleginnen und kann als Ansatzpunkt genutzt werden, um einheitliche Qualitätsstandards zu entwickeln;
– dient als Grundlage für Fallbesprechungen;
– bildet die Grundlage für Evaluation und gewährleistet damit die Umsetzung der Konzeption;
– sichert die innerbetriebliche Informationsweitergabe;
– stellt die erbrachten Teilleistungen detailliert dar;
– bietet Hintergrundinformation für den Umgang mit Beschwerden.

Man muss sich nur einmal vorstellen, wie eine Einrichtung auf die Klage von Eltern eines sechsjährigen Kindes reagieren würde, die behaupten, das Kind habe bezüglich seiner Bewegungsfertigkeiten oder seiner sprachlichen Entwicklung in den vergangenen drei Kindergartenjahren überhaupt nichts hinzugelernt. Diese Einrichtung sähe sich gezwungen, den Eltern nachzuweisen, was hier geschehen ist und inwieweit konkret versucht worden ist, den spezifischen Interessen und Bedürfnissen dieses Kindes gerecht zu werden. Erwarten würde ein externer Beobachter regelmäßig wiederkehrende Aufzeichnungen, in denen sowohl der jeweilige Entwicklungsstand des Kindes als auch Aussagen über mögliche Förderungsplanungen enthalten sind. Außerdem müssen Protokolle über die Gespräche vorliegen, die die Erzieherinnen mit den betreffenden Eltern geführt haben. Vielleicht haben die Erzieherinnen ja die Eltern bereits früh auf Defizite hingewiesen und diese gebeten, auch außerhalb der Einrichtung aktiv zu werden.

Was an einem Dokumentationssystem, als Teil der Qualitätssicherung einer Einrichtung neu ist,

ist nicht, das „dass", sondern das „wie" und die Form, in der diese Arbeit organisiert und deren Ergebnisse systematisiert und umgesetzt werden. Dabei ist vor allem von Bedeutung, wie diese Ergebnisse mit Dritten kommuniziert werden. Die Fähigkeit, den Wert und Nutzen der eigenen Arbeit gegenüber fachfremden Personen und Institutionen verständlich auszudrücken und zu vertreten, scheint im Bereich der sozialen Arbeit nicht ausreichend entwickelt und unter dem alltäglichen Handlungsdruck nicht gepflegt worden zu sein. (Heiner, 1996, S. 92)

4.6.2 Methodische Hinweise und Beispiele

Teilschritte:

- [ ] Identifizierung wichtiger Einrichtungsprozesse
- [ ] Festlegung notwendiger Dokumentationsinhalte in Bezug auf die einzelnen Prozesse
- [ ] Entwicklung standardisierter Dokumentvorlagen
- [ ] Zusammenführung zu einem Dokumentationssystem

Entscheidend beim Aufbau eines Dokumentationssystems ist, es so zu gestalten, dass der Aufwand für die Dokumentation in Relation zu dem daraus gezogenen Nutzen steht. Das Dokumentationssystem soll die Arbeit einer Einrichtung unterstützen und erleichtern und nicht durch zusätzliche schriftliche Aufzeichnungen behindern.

Deshalb ist zunächst wichtig, dass das Dokumentationssystem übersichtlich und leicht handhabbar ist. Voraussetzung dafür ist, dass der Umfang der Aufzeichnungen angemessen ist („So wenig Daten wie möglich, so viel wie nötig!"). Eine Standardisierung der Aufzeichnungen durch Formblätter ist empfehlenswert, ebenso ein systematisiertes Ablagesystem, um die Dokumente auch nach längerer Zeit schnell aufzufinden. Die Beschreibung des Ablagesystems anhand eines Leitfadens gibt auch neuen Mitarbeiterinnen die Möglichkeit eines schnellen Einblicks ins System.

Die Gestaltung eines Dokuments sollte eine unkomplizierte „Weiterverarbeitung" der Daten und Informationen ermöglichen. Wenn Dokumente mehrfach genutzt werden können (z. B. als Planungsraster und Reflektionsbogen), vermeidet dies eine unnötige Vielzahl an Formblättern und doppelte Schreibarbeit.

Die Dokumentation eines Gesamtprozesses ist in der Regel einer Dokumentation von Teilprozessen vorzuziehen. So sollten z. B. bei der Planung einer Veranstaltung die notwendigen Besorgungen (Art, Menge, Zuständigkeit) mitvermerkt werden. Bei gemeinsamen Planungen sollte ein Planungsbogen gemeinsam geführt werden. Unterschiedliche Formblätter würden hier nur Verwirrung stiften.

Letztendlich sollte ein Dokument zugleich eine Auswertung des dokumentierten Prozesses, nicht nur aus der Sicht des Fachpersonals, sondern auch aus der aller Interessenpartner beinhalten. Auf diese Weise erhält man über das Jahr gesehen eine Fülle an Informationen aus verschiedenen Bereichen, die zur Weiterentwicklung der Qualität des Gesamtangebotes wieder herangezogen werden können. Dokumentation ist auf diese Weise nicht nur ein „Selbstzweck", sondern wird weiterverwendet und fließt in zukünftige Planungen ein.

Die wichtigsten Elemente eines Dokumentationssystems sind (Abb. 24):

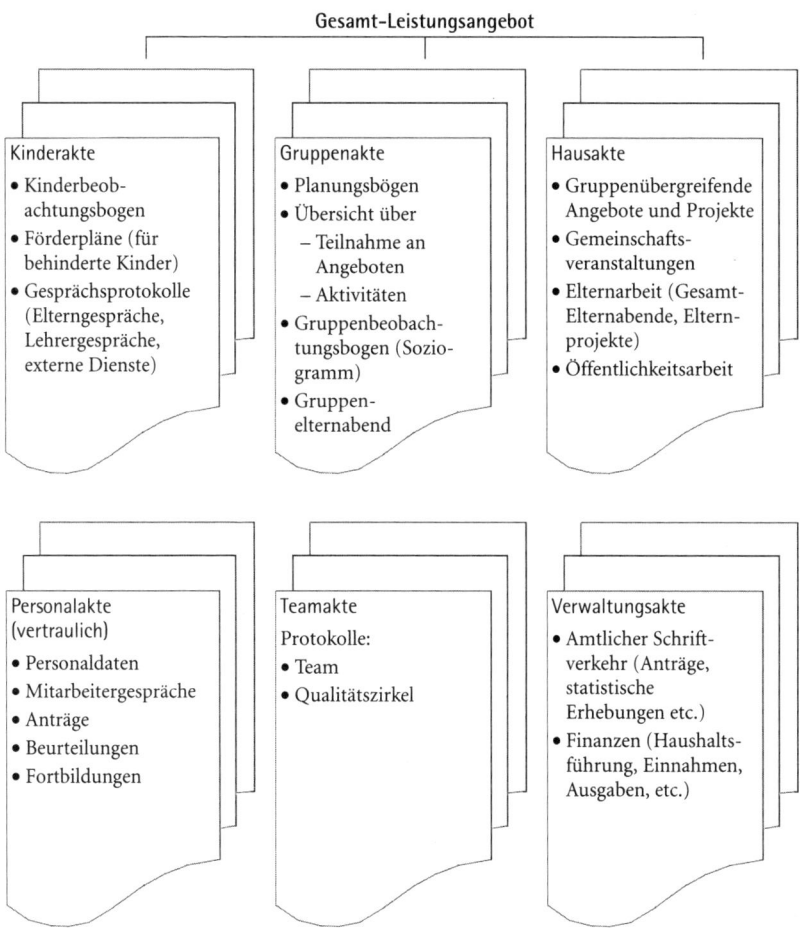

Abb. 24: Beispiel für ein Dokumentationssystem

■ Dokumentationen bezüglich der Entwicklung der Kinder und des Kontaktes mit deren Eltern (Kinderakte)

Dazu gehört vor allem die Darstellung aller den Betreuungsverlauf betreffenden wichtigen Ereignisse und Prozesse, wie z. B. die verschiedenen Elterngespräche, die Dokumentation des jeweiligen Entwicklungsstandes des Kindes und die Durchführung spezifischer Fördermaßnahmen.

Aus der Kinderakte gehen alle relevanten Daten und Ereignisse hervor, die die Entwicklung des Kindes anbelangen. Sie können dann zum Ausgangspunkt weiterer Elterngespräche gemacht oder bei der Zusammenarbeit mit anderen Förderdiensten verwendet werden.

Ein wichtiger Aspekt ist hierbei die Dokumentation des Entwicklungsstandes des einzelnen Kindes. Alle Informationen hierüber, wie beispielsweise Persönlichkeitsentwicklung, Sprachentwicklung, Motorik, Wahrnehmung können so gesammelt und als Grundlagen im Elterngespräch verwendet werden. So lassen sich Prognosen im Hinblick auf Schulfähigkeit leichter treffen oder mögliche Entwicklungsverzögerungen rechtzeitig erkennen.

Wichtig bei der Dokumentation der Entwicklung des einzelnen Kindes ist jedoch nicht nur das frühzeitige Erkennen von Entwicklungsverzögerungen und des damit verbundenen Förderbedarfs, sondern ebenso, dass die Entwicklungsschritte und „Lernerfolge" des Kindes festgehalten werden. Die oftmals durch die Langfristigkeit eines Erziehungsprozesses schwierig auszumachenden „Erfolgserlebnisse" können auf diese Weise leichter nachvollzogen werden. Dies dient nicht nur der Bestätigung der pädagogischen Arbeit der Fachkräfte, sondern kann auch eine Möglichkeit sein, insbesondere ängstlichen und besorgten Eltern die positive Entwicklung ihres Kindes aufzuzeigen und zu belegen.

Im Zusammenhang mit der Entwicklung des einzelnen Kindes ist es sinnvoll, Gespräche mit Eltern, Lehrern, Förderdiensten oder Beratungsstellen, die aus verschiedenen Anlässen oder routinemäßig geführt wurden, ebenfalls festzuhalten. Insbesondere bei Problemen, wie z. B. der Zurückstellung eines Kindes von der Schule, kann die

Kinderbeobachtungsbogen

Herbst / Frühjahr .... Datum: .... Name: .... Alter: .... Blatt 1

Teilaspekt	Beschreibung und Einschätzung des Ist-Standes	Hilfen/Fördermaßnahmen	Reflektion der Maßnahmen
Persönlichkeit (Allgemeines Erscheinungsbild, Auftreten etc.)			
Selbständigkeit (An-/Ausziehen, Aufräumen, Umgang mit Geld, Nachhauseweg etc.)			
Wertbewusstsein (Umgang mit Natur, Materialien, Medien, Nahrungsmitteln, Achtung anderer etc.)			
Sozialverhalten (Umgang mit anderen, Rücksichtnahme, Geschlechterrolle, Konfliktfähigkeit, Akzeptanz von Meinungen etc.)			

Abb. 25: Ausschnitt aus einem Kinderbeobachtungsbogen

Kindertageseinrichtung anhand der Unterlagen darauf hinweisen, dass sie die Schulfähigkeit des Kindes bereits frühzeitig beobachtet und die Eltern auf mögliche Probleme hingewiesen hat. Gesprächsprotokolle sind auch wichtig, um die Einhaltung der gesetzlichen

Gesprächsprotokoll: Entwicklungsgespräch

Name des Kindes: .... Datum: ....

Gesprächsteilnehmer: .... Dauer: ....

Vorüberlegungen

Ziele

Gesprächsverlauf

Vereinbarungen

Kurzkommentar/fachliche Einschätzung

Abb. 26: Dokumentation eines Elterngesprächs

Hinweis- und Beratungspflicht von pädagogischen Fachkräften in Kindertageseinrichtungen zu belegen.

- ▪ Dokumentation der pädagogischen Arbeit in der Gruppe (Gruppenakte)

Die pädagogische Arbeit in der Gruppe ist ein weiterer wesentlicher Bestandteil der Arbeit einer Kindertageseinrichtung. Sie kann in mehrere Teilbereiche wie Freispiel, Förderangebote in Kleingruppen, Projektarbeit, Ausflüge untergliedert werden. Auch die Dokumentationen der jeweiligen Teilbereiche sollte so geplant sein, dass unterschiedliche Informationen aus ihnen gewonnen werden können, die wiederum als Hintergrundwissen in die Kinderakte eingehen oder für die Verbesserung und Weiterentwicklung der pädagogischen Arbeit Verwendung finden. Dies soll im Folgenden am Beispiel der Dokumentation der Projektarbeit verdeutlicht werden. Diese – möglicherweise versehen mit Fotos – kann interessante Entwicklungsprozesse veranschaulichen und auch Eltern die Zielsetzungen und den Fördercharakter von Projektarbeit vor Augen führen. Bei dieser Art von Dokumentation reicht eine Dokumentvorlage nicht mehr aus. Hier müssen mehrere, aufeinander abgestimmte Dokumente entwickelt werden, anhand derer dann der gesamte Prozess transparent wird (Abb. 27).

Alle gruppenbezogenen Aktivitäten, die dokumentiert werden, sind in der Gruppenakte zusammengefasst.

- ▪ Dokumentation hausübergreifender Aktivitäten (Hausakte)

Auch hausübergreifende Aktivitäten wie zum Beispiel der Gesamtelternabend, gemeinsame Feste und Feiern, die das ganze Haus betreffen, sollten systematisch dokumentiert und in einer Hausakte zusammengefasst werden. Dies dient dem Team insbesondere dazu, rückblickend die eigene Arbeit zu reflektieren und vorausschauend neue Aktivitäten zu entwickeln.

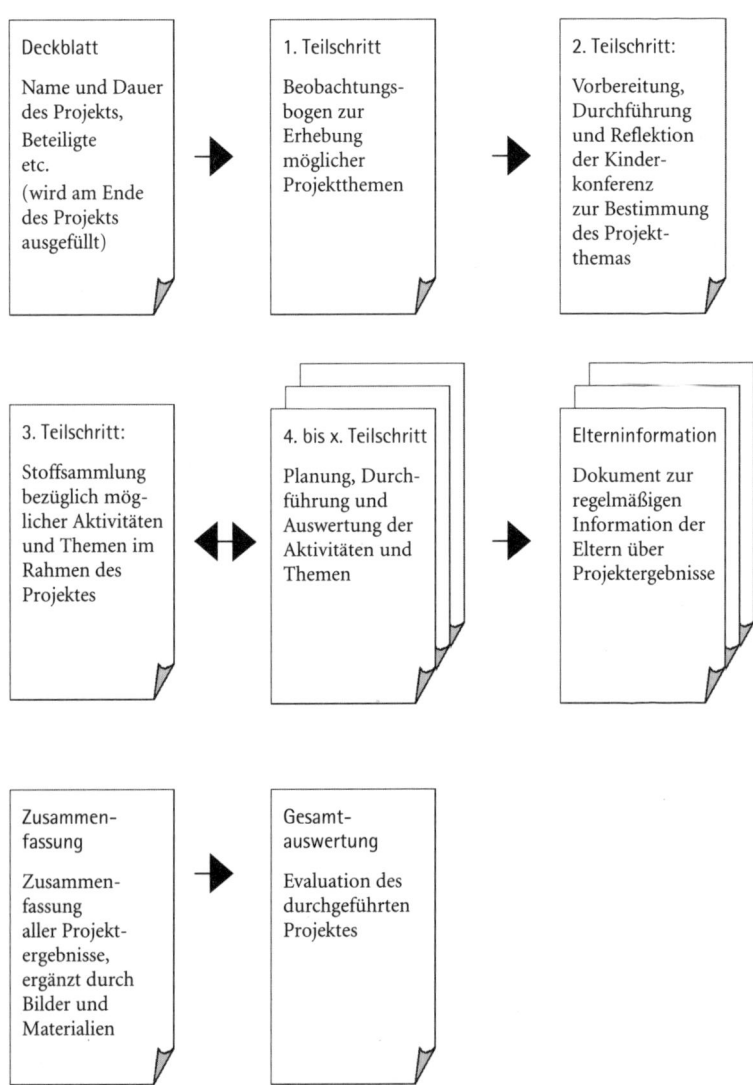

Abb. 27: Projektarbeit

Veranstaltung/Fest – Thema: ....

am .... von .... bis ....

Anzahl der geplanten Teilnehmer: .... Kinder, ... Erwachsene

Anzahl der tatsächlichen Teilnehmer: .... Kinder, ... Erwachsene

Planungsteam: ....Verantwortlich: ....

	WAS?	WANN?	WO?	WER zu-ständig?	Ergebnis/ Reflektion	Kinder- und Eltern-meinungen
päd. Elemente (Lieder, Spiele, ...) und Ablauf						
vorbereitende Arbeiten/Raum-gestaltung						
Verpflegung						
Geschenke/Preise						
Bekanntmachung (Einladungen, Plakate, Presse)						

Abb. 28: Beispiel: Dokumentvorlage „Veranstaltung/Festgestaltung"

■ Dokumentation der indirekten Leistungen (Teamakte)

Natürlich müssen auch die vielfältigen indirekten Leistungen wie Teamsitzungen, Vorbereitungsaktivitäten, Planungs- und Reflektionsaufgaben knapp dokumentiert und in einer Teamakte zusammengefasst werden. Dies soll hier am Beispiel eines Besprechungsprotokolles für Teamsitzungen gezeigt werden.

127

Besprechungsprotokoll

Datum: ....   ☐ Gesamtteam
                                                        ☐ Gruppenteam
                                                        ☐ Planungsteam

Verantwortlich: ....   Thema: ....
Teilnehmerinnen: ....   Sonstiges: ....

Was?	Wie beschlossen?	Wer zuständig?	Bis wann?	Erledigt am/von

Abb. 29: Beispiel: Dokumentvorlage „Teamprotokoll"

■ Dokumentation der Personalentwicklung (Personalakte)
Daten und Unterlagen über die einzelnen Mitarbeiterinnen sollten
von der Leitung in einer nur für sie zugänglichen Personalakte zusammengefasst werden. Neben den Personaldaten sowie Beurteilungen
und Anträgen kommt hier insbesondere der Dokumentation der Mit-
arbeiterinnengespräche (Zielvereinbarungen, Personalentwicklungs- /
Anleitungsgespräche) und der individuellen Fortbildungsmaßnahmen
eine wichtige Bedeutung zu.

■ Verwaltungsakte
Hier hinein gehören Unterlagen, die den Austausch mit dem Träger,
den Aufsichtsbehörden und sonstigen Organisationen betreffen, sowie
alle Dokumente, die sich auf die Haushaltsführung beziehen.

4.7 Der siebte Schritt: Prozess-Qualitätsstandards festlegen

4.7.1 Grundsätzliches

Die Umsetzung des **KitaManagementKonzepts** erfordert eine klare Definition von dem, was unter Qualität in einer Einrichtung verstanden wird. Deshalb müssen die einzelnen pädagogischen und organisatorischen Prozesse bezüglich ihres Verlaufs und der damit verbundenen Anforderungen klar festgehalten werden. Diese sogenannte Standardisierung der Prozess-Qualität geschieht dadurch, dass die einzelnen Elemente des Leistungsangebotes genau definiert und anschließend Inhalte und Vorgehensweise bei der Umsetzung im Alltag im Team diskutiert, festgelegt und dokumentiert werden. In den Diskussionsprozess fließen bewusst sowohl fachliche Grundlagen als auch Bedürfnisse von Eltern und Kindern ein. Ab dem Zeitpunkt der „Verabschiedung" eines Qualitätsstandards im Team sind alle Mitarbeiterinnen verpflichtet, die gemeinsam festgelegten Anforderungen an die eigene Arbeit im pädagogischen Alltag umzusetzen.

Die Diskussion einzelner pädagogischer Prozesse und die Festlegung von Standards bringen eine Reihe von Vorteilen für die praktische Arbeit mit sich:

- Es entsteht Klarheit über die pädagogischen Prozesse, so dass alle Mitarbeiterinnen wissen, wie sie sie auszuführen haben. Auf diese Weise entsteht ein gemeinsamer und verbindlicher „Maßstab" für die Qualität der pädagogischen Arbeit in der Einrichtung. Alle Mitarbeiterinnen sind damit vertraut und handeln danach.

- Da sich jede Mitarbeiterin an vorgegebenen Standards orientieren kann, können Fehler bei der Durchführung vermieden werden. Die Folge ist eine höhere Zufriedenheit mit der eigenen Arbeit.

- Die Existenz einer gemeinsamen Arbeitsgrundlage verhindert, dass sich die einzelnen Gruppen eines Hauses auseinander entwickeln, Konkurrenzsituationen zwischen den einzelnen Gruppen werden vermieden.

■ Festgelegte Qualitätsstandards für pädagogische Prozesse legen aber nicht nur fest, sie eröffnen den einzelnen Gruppen eines Hauses bzw. der einzelnen Mitarbeiterin mehr inhaltlichen Handlungsspielraum und unterstützen somit situationsorientiertes Arbeiten. Durch definierte Vorgehensweisen ist gewährleistet, dass sich die Arbeit der einzelnen Gruppen auf dem gleichen qualitativen Niveau befindet. Wenn beispielsweise festgelegt wurde, in jeder Gruppe zweimal pro Woche ein themenbezogenes Kleingruppenangebot in einer bestimmten Weise durchzuführen, dann kann es der Verantwortung des Gruppenteams überlassen bleiben, zu welchen Themen im jeweiligen Team Kleingruppenangebote stattfinden. Wichtig ist, dass das Angebot als solches stattfindet.

■ Die genaue Beschreibung der pädagogischen Prozesse führt zu einer fachlichen Weiterentwicklung des gesamten Teams. Durch die Klärung des theoretischen Hintergrundes und die gemeinsame Diskussion wird im Team eine einheitliche Basis von Fachwissen geschaffen – unabhängig von unterschiedlichen Qualifikationen. Dies ist insbesondere bei Kinderhäusern wichtig, da Fachkräfte mit unterschiedlichen Ausbildungen, wie z. B. Krankenschwestern oder Heilpädagoge, zum Team gehören. Da die Anforderungen allen bekannt sind, entwickelt ein Team Homogenität. Alle Teammitglieder können jetzt Verantwortung übernehmen und z. B. Elterngespräche selbständig durchführen.

Die Motivation der Teammitglieder bei der Erarbeitung der Qualitätsstandards wird hoch sein, wenn sich die Themen möglichst an aktuellen Problemen orientieren und somit als direkte Hilfen für den Alltag in der Einrichtung verstanden werden können. Unsicherheiten im Umgang mit Eltern und Kindern werden geringer bzw. relativiert, da im Teamgespräch klar wird, dass auch andere Kolleginnen mit den gleichen Problemen zu kämpfen haben und man gemeinsam nach Lösungsmöglichkeiten sucht. Ein besonderer Vorteil für die Atmosphäre im Team ist die Möglichkeit, Unklarheiten und „Schwachstellen" neutral und unabhängig von Personen zu diskutieren. Durch das Schaffen von allgemein akzeptierten fachlichen Standards ist ein klares Anforderungsprofil (nach dem Motto: „Dies und jenes wird von mir z. B. bei einem Elterngespräch erwartet, nicht mehr und nicht weniger") vorhanden, eine objektive Einschätzung der eigenen Fachlichkeit bzw. Möglichkeiten des Hinzulernens ist leichter möglich.

4.7.2 Methodische Hinweise und Beispiele

Teilschritte:

- [ ] Einzelne Teilleistungen genau definieren
- [ ] Ziele festlegen
- [ ] Prozessverläufe beschreiben
- [ ] Aufgaben des Personals festsetzen

Die einzelnen Elemente des Leistungsangebotes müssen nicht in einer bestimmten Reihenfolge behandelt werden; eine situationsbezogene und alltagsnahe Vorgehensweise ist aus den bereits erwähnten Gründen sinnvoll. Die Erarbeitung oder Ergänzung eines Qualitätsstandards kann demzufolge von jedem Teammitglied oder der Leitung angeregt werden.

Die Erarbeitung von Qualitätsstandards kann zunächst in allen Schritten gemeinsam erfolgen, später können aus Zeitgründen auch Teilgruppen („Qualitätszirkel") vorbereitende Arbeiten leisten und dem Team den theoretischen Hintergrund und Diskussionsanstöße vorgeben.

Die Vorgehensweise soll an einem Beispiel kurz verdeutlicht werden:

1. Soll ein Qualitätsstandard zu einem bestimmten Prozess (z. B. Projektarbeit) entwickelt werden, gilt es zunächst, das vorhandene Wissen zusammenzutragen und eventuell durch neues Wissen zu ergänzen. Dazu können Mitarbeiterinnen beauftragt werden, die vorhandene Fachliteratur zu sichten oder sich in anderen Einrichtungen zu informieren. Die Ergebnisse dieser Sammlung sollten

dann zusammengefasst und allen Mitarbeiterinnen zugänglich gemacht werden.

2. Im Gesamtteam sollte danach das gesammelte Wissen analysiert und diskutiert werden. Dies dient zum einen der Meinungsbildung, zum anderen der Sicherung eines gleichen Wissensstands aller Mitarbeiterinnen. Auf diese Weise können auch vorhandene Einstellungen bewusst gemacht und diskutiert werden.

3. Im Anschluss daran kann man damit beginnen, den Qualitätsstandard systematisch zu entwickeln. Folgende Punkte sollten dabei ausgeführt werden:

Schema für den Aufbau eines Qualitätsstandards

(A) Begriffsdefinition
In der Begriffsdefinition wird das Element kurz umschrieben, auch der wesentliche Inhalt der Regel wird kurz umrissen („Wesentlicher Inhalt dieser Regelung ist ..., unter ... verstehen wir ...").

(B) Theoretischer Hintergrund
Das vorhandene theoretische Wissen wird zusammengefasst (Literaturliste).

(C) Zielsetzung
Aus der Sicht der Interessenpartner und der fachlichen Anforderungen formuliert das Team gemeinsame Ziele für das Element.

(D) Voraussetzungen und Durchführung
Das Team sammelt und diskutiert Voraussetzungen, die zum Erreichen des Zieles notwendig sind und legt die Vorgehensweise (evtl. untergliedert in Phasen der Vorbereitung, Durchführung und Nachbereitung) fest.

(E) Aufgaben der Erzieherin/pädagogische Werthaltung
Die an die Mitarbeiterinnen gestellten Anforderungen werden beschrieben.

---

4. Liegt die Beschreibung des Qualitätsstandards vor, sollte sie im Gesamtteam noch einmal diskutiert und vor der endgültigen Festlegung noch einmal auf folgende Fragen hin überprüft werden:

■ Werden Kinder und Eltern mit der Art der Ausführung dieses Angebotes zufrieden sein und werden die Anforderungen von Eltern, Kindern und Mitarbeiterinnen bei diesem Angebot erfüllt?

■ Entspricht die Gestaltung des Prozesses den pädagogischen Zielen der Konzeption?

■ Wie kann sichergestellt werden, dass die Anforderungen der Interessenpartner erfüllt werden und wie kann man genaue Informationen über die Qualität dieses Teils der Dienstleistung erhalten?

5. Abschließend wird jeder Qualitätsstandard entsprechend dem beschriebenen Raster schriftlich fixiert (s. Abb. 30). Durch die Unterschrift der Leitung erhält das Dokument seine allgemeine Gültigkeit.

133

Selbstbildendes Freispiel

Freigabe: n.n.   QS-PÄD 3

Datum: ......   Seite 1

Begriffsdefinition

Unter selbstbildendem Freispiel verstehen wir die Aktivitäten der Kinder, bei denen sie sich allein oder mit anderen intensiv selbst beschäftigen und sich dabei durch Eigentätigkeit selbst bilden (Eigenaktivität im Bildungsprozess). Dieses selbstbildende Freispiel unterscheidet sich einerseits vom reinen Spiel, das immer und jeder Zeit entstehen kann, zum anderen vom Angebot, das klar vorstrukturiert ist. Das selbstbildende Freispiel ist eine Form des intensiven Spiels, das an verschiedene Voraussetzungen geknüpft ist, die von den Erzieherinnen geschaffen werden müssen.

Theoretischer Hintergrund

Insbesondere die Anforderungen der Arbeitswelt (Teamarbeit, Verantwortungsbereitschaft, Kreativität etc.), aber auch die zukünftige Situation der Gesellschaft (Individualisierung, Single-Gesellschaft) macht es erforderlich, dass die Kinder Eigenschaften und Fähigkeiten entwickeln, die sie im Freispiel lernen können:

a) für ihre eigene Persönlichkeit
    sie lernen, etwas ganz selbständig zu tun
    sie lernen, mit Erfolg und Misserfolg umzugehen
    sie entwickeln Selbstbewusstsein
    sie entwickeln eine eigene Persönlichkeit (Individualität)
    sie erhalten Gelegenheit, ihre eigene Situation, ihre Gefühle auszuleben
    sie werden nicht überfordert oder unterfordert, sondern entscheiden selbst über den Schwierigkeitsgrad
    sie werden fähig zu Eigeninitiative und kommen weg vom Konsumdenken etc.

b) in Bezug auf die Gruppe
    sie lernen, Kompromisse zu schließen
    sie wählen Spielpartner aus
    sie machen die Erfahrung der Gemeinschaft
    sie lernen, Kompromisse zu schließen
    sie lernen, sich durchzusetzen etc.

c) in Bezug auf ihre Entwicklung
    sie lernen selbsttätig
    sie entwickeln eigene Fähigkeiten
    sie entwickeln Ausdauer, intrinsische Motivation
    sie entwickeln Konzentration
    sie lernen den Umgang mit vielen Materialien, Spielsachen
    sie entwickeln soziale Kompetenzen (Rollenspiel)

Abb. 30: Beispiel: Qualitätsstandard „selbstbildendes Freispiel" (Teil 1)

Selbstbildendes Freispiel

Freigabe: n.n.

Datum: ......

QS-PÄD 3

Seite 2

Zielsetzung

- Die Kinder können altersentsprechend längere Zeit einen Spielprozess aufrecht erhalten
- Die Kinder spielen selbständig und benötigen die pädagogischen Fachkräfte nur im Ausnahmefall
- Die Kinder setzen verschiedene Materialien kreativ und fantasievoll ein
- Die Kinder können Meinungsverschiedenheiten selbst beilegen und finden Lösungen in Konfliktfällen

Voraussetzungen und Durchführung

a) Atmosphäre

muss geprägt sein durch die nötige Ruhe und genügend Zeit

muss beschützend und sicher sein (ungestörte Spielbereiche sind vorhanden)

die Kinder fühlen sich angenommen, sicher und können sich in dieser Atmosphäre frei entfalten

es gibt einige wenige klare Regeln, die eingehalten werden

jedes Kind kennt seinen Platz in der Gruppe und fühlt sich akzeptiert

die Kinder fühlen sich wohl im Haus und trauen sich, den Gruppenraum zu verlassen

die Atmosphäre ist offen, kreativ, fehlerfreundlich, situationsorientiert

b) Raumgestaltung

die Räume sind gegliedert, haben Ecken und Nischen, verschiedene Ebenen, Raumteiler sind vorhanden

die Lichtverhältnisse sind gut

die Einrichtung ist ansprechend und freundlich

die Kinder bestimmen bei der Raumgestaltung und der Platzierung der Spielsachen mit

die Räume sind nicht überladen mit Tischen und Stühlen

Teppiche sind da vorhanden, wo sinnvoll

die Gestaltung ist heimelig und atmosphärisch

es gibt Pflanzen zum Pflegen

das Mobiliar ist zweckmäßig (stabil, fest, haltbar)

c) Material

das Material ist vielfältig

die Kinder kennen die Materialien und deren Eigenschaften

das Material regt die Fantasie der Kinder an

das Material wird immer wieder erneuert bzw. ausgetauscht

Natur- und Abfallmaterialien sind vorhanden

wenig vorgefertigte Materialien sind da

Abb. 30a: Beispiel: Qualitätsstandard „selbstbildendes Freispiel" (Teil 2)

135

Selbstbildendes Freispiel

Freigabe: n.n.   QS-PÄD 3

Datum: ......   Seite 3

---

die Materialien entsprechen dem Entwicklungsstand der Kinder

Werkzeuge etc. sind gut erreichbar

das Material berücksichtigt die Interessen der Kinder

d) Kinder

nicht zu viele Kinder befinden sich am gleichen Platz

nicht zu viele Kinder beteiligen sich an einem Spiel

Kinder sollten ausgeruht und ausgeglichen sein

das Freispiel sollte ins Tagesprogramm integriert sein (nicht direkt nach dem Turnen, nicht in der Bring- und Abholzeit)

die richtige Gruppenmischung

die Lebenssituation der Kinder (wichtige Ereignisse, Begebenheiten) muss berücksichtigt werden

der Entwicklungsstand der Kinder und der Gruppe sollte berücksichtigt werden

die Gruppenzusammensetzung soll so sein, dass alle Kinder spielen können.

Aufgaben der Erzieherin/pädagogische Werthaltung

In der Regel sollte die Erzieherin die Kinder indirekt unterstützen. Trotzdem wird es aber manchmal auch notwendig sein, direkt einzugreifen:

indirekte Formen:

• die Erzieherin ist Vorbild, sie spielt selbst, ist kreativ, hat eigene Ideen, Ausdauer und Spaß am Freispiel

• sie gestaltet eine gute Atmosphäre

• sie unterstützt durch aktives Mitspielen oder indem sie Materialien zur Verfügung stellt

• sie gestaltet den Raum ansprechend

• sie schafft Freiräume

• sie beobachtet die Kinder und lernt so ihre Stärken und Schwächen kennen

• sie mischt sich da indirekt ein, wo Kinder nicht mehr alleine zurechtkommen

direkte Formen:

• sie gibt den Kindern konkrete Anregungen und macht Vorschläge

• sie greift ein Thema auf und verstärkt es

• sie setzt Grenzen etc.

Mitgeltende Unterlagen

DOKU 3, DOKU 4

Abb. 30b: Beispiel: Qualitätsstandard „selbstbildendes Freispiel" (Teil 3)

4.8 Der achte Schritt: Zweckmäßige Arbeitsstrukturen entwickeln (Strukturqualität)

4.8.1 Grundsätzliches

Zur Erfüllung ihrer vielfältigen Aufgaben benötigt jede Kindertageseinrichtung Strukturen, innerhalb derer die beschriebenen Prozesse ablaufen können. Sie regeln Zuständigkeiten, Hierarchien, Kommunikationslinien, Verfahrensschritte usw. und unterstützen damit den Ablauf und die Abstimmung von Prozessen. Strukturen bilden somit das sichere „Raster", innerhalb dessen man sich frei bewegen kann. Sie dienen idealerweise der Orientierung und schaffen Transparenz und Klarheit.

Unterschiedliche Arbeitsstrukturen in einer Einrichtung:

- ☐ Organisationsstruktur
- ☐ Kommunikationsstruktur
- ☐ Personalstruktur
- ☐ Etat-/Finanzstruktur
- ☐ Öffentlichkeitsarbeit

Die Arbeitsstrukturen einer Einrichtung bauen auf deren Werten und Zielen auf. Sie müssen deshalb immer der Umsetzung der Ziele und der Erledigung der damit verbundenen Aufgaben dienen und dürfen weder Kinder, Eltern und Mitarbeiterinnen einengen noch den kreativen Anteil der pädagogischen Arbeit und die Berücksichtigung von besonderen Bedürfnissen behindern. In jedem Fall sollten die Strukturen möglichst klar und unkompliziert sein.

Sind in einer Einrichtung unklare Strukturen vorhanden oder fehlen solche völlig, besteht die Gefahr, dass die Mitarbeiterinnen beginnen, eigene Regeln und Verfahrensweisen zu entwickeln. Dies kann vielfältige Differenzen und Spannungen zur Folge haben. Eine andere

Gefahr ist, dass die Strukturen zu sehr in den Vordergrund geraten und dadurch die dahinter liegenden ursprünglichen Ziele nicht mehr zu erkennen sind. Oft werden dann unangemessene Strukturen lediglich um ihrer selbst willen aufrechterhalten und entwickeln eine Eigendynamik. Dies ist zum Beispiel der Fall, wenn Teamsitzungen nicht zielorientiert aufgebaut sind und lediglich dazu benutzt werden, um sich persönlich auszutauschen.

4.8.2 Aufbau einer klaren Organisationsstruktur

Die Organisationsstruktur einer Kindertageseinrichtung orientiert sich an folgenden Merkmalen:
- einem situationsbezogenen Führungsstil, der auf Persönlichkeits- und Fachautorität basiert;
- einem hohen Grad an Delegation, der durch klar definierte Verantwortungs- und Befugnisbereiche sowie Kommunikationslinien abgesichert ist;
- einem gemeinsamen Verständnis davon, dass eine nur flach hierarchisierte Teamarbeit die effektivste Form ist, um die Qualität innerhalb der Organisation weiterzuentwickeln.

Teilschritte:

- ☐ Ist-Stand der Aufgabenorganisation erfassen und auf Brauchbarkeit überprüfen
- ☐ Weitere zu erfüllende Aufgaben identifizieren
- ☐ Prioritäten für die Bearbeitung festlegen
- ☐ die einzelnen Aufgaben klar definieren, Verantwortungen und Befugnisse zuweisen
- ☐ die Gesamtheit der Aufgaben koordinieren

■ Organisationsstruktur und Größe der Einrichtung

Die Art der Organisationsstruktur einer Einrichtung ist immer im Zusammenhang mit der Größe, der Zielsetzung und Aufgabenstellung sowie der Zusammensetzung der Mitarbeiterinnen zu sehen.

Je größer eine Einrichtung, desto effizienter und damit konstanter muss die Organisationsstruktur sein: bei einer mehrgruppigen Kindertageseinrichtung sind klar und detailliert definierte Organisationsstrukturen notwendig, um das Aufgabenfeld zuverlässig zu bewältigen. Das Gleiche gilt für einen Träger mit mehreren Einrichtungen.

Bei einer kleineren Einrichtung muss eventuell auf die Erhaltung einer hohen Flexibilität und Anpassungsfähigkeit geachtet werden, um auf Veränderungen im Bedarf rasch reagieren zu können und das Überleben der Einrichtung zu sichern. Wenige, aber klare Regelungen genügen, flexibles und spontanes Handeln bleibt möglich (Abb. 31).

Die Organisationsstruktur sollte auch dazu beitragen, Mitarbeiter zu motivieren. Leistungsbereitschaft, Leistungsfähigkeit und Arbeitszufriedenheit hängen mit der situationsgerechten Erfüllung unterschiedlicher Bedürfnisse von Mitarbeitern zusammen: manche Mitarbeiterinnen legen viel Wert auf Sicherheit, benötigen klare Regelungen und erwarten

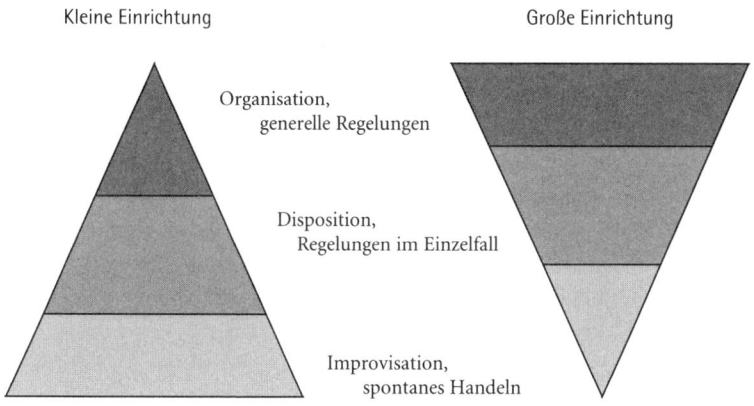

Abb. 31: Grad der erforderlichen Strukturierung einer Einrichtung

139

begrenzte, überschaubare Ermessensspielräume; andere Mitarbeiterinnen legen Wert auf Selbstentfaltung; sie benötigen deshalb mehr Kompetenzen zur Erfüllung innovativer Aufgaben. Optimal ist eine Organisationsstruktur, bei der beide Aspekte – Sicherheit und Selbstentfaltung – Berücksichtigung finden und in der Aufgabenbereiche nach diesen Gesichtspunkten individuell verteilt werden.

Da für die Arbeit in einer Kindertageseinrichtung Flexibilität und Anpassungsfähigkeit sehr wichtig sind, ist eine Organisationsstruktur mit situativen Gestaltungsmöglichkeiten anzustreben. Sie erlaubt
– den Mitarbeiterinnen mit hohem Engagement die Möglichkeit der Verantwortungsübernahme und des selbständigen Handelns,
– den Mitarbeiterinnen mit hohem Sicherheitsbedürfnis eine klare Orientierung und die Vermeidung von Fehlern.

Was eine optimale Organisationsstruktur leisten kann:

☐ Förderung gegenseitiger Unterstützung und Zusammenarbeit
☐ Förderung der Motivation der Mitarbeiter
☐ Chancengleichheit
☐ Flexibilität
☐ Reibungslose Prozessabläufe
☐ Schnelle Identifikation und Beseitigung von Fehlerquellen
☐ Effektivität im Hinblick auf die Aufgabenerfüllung
☐ Effizienz im Hinblick auf Zeit und Kosten

■ Netzwerk- und Teamorganisation

Eine Kombination aus Netzwerk-Organisation und Team-Organisation scheint den Anforderungen an eine passende Organisationsform für eine Kindertageseinrichtung zu entsprechen. In einer Netzwerkorganisation werden Gruppenteams gebildet, die mit einer flachen Hierarchie zu einem Gesamtsystem vernetzt werden. Neben den Gruppenteams gibt es Arbeitsgruppen (Teams oder Einzelpersonen), die sich bestimmten Schwerpunkten widmen und die andere Teams durch die Erledigung übergreifender Aufgaben oder durch spezielles Wissen unterstützen. Durch verstärkte Teamarbeit wird „vernetztes" bzw. „hausübergreifendes" Denken (gegenüber „gruppenbezogenem" Denken) gefördert. Die Variabilität dieses Modells ermöglicht eine Ausrichtung der Organisationsstrukturen auf ganzheitliche Aufgabenstellungen, die Reibungslosigkeit der Prozessabläufe wird unterstützt.

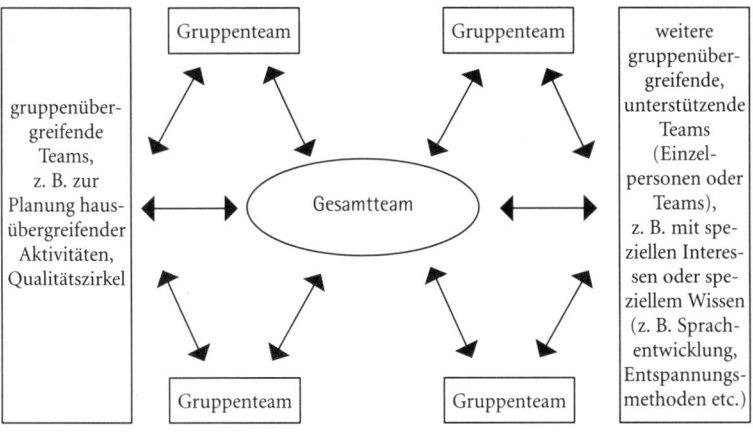

Abb. 32: Die Netzwerkorganisation einer Kindertageseinrichtung

Beide Organisationsformen weisen den Mitarbeiterinnen einen festen Platz sowohl im Gruppenteam als auch in gruppenübergreifenden Teams zu. Alle Teammitglieder sind im Gesamtteam vertreten, dort werden alle grundsätzlichen Entscheidungen diskutiert und entschieden. Diese Entscheidungen sind für alle verbindlich. Die Verantwortung für die Führung des Gesamtteams liegt bei der Leitung.

Solche kombinierten Team-/Netzwerkorganisationen zeichnen sich insbesondere durch Flexibilität, günstige Voraussetzungen für Veränderungen, wenig Verwaltungsaufwand durch direkte und strategiekonforme Aufgaben sowie durch variationsreichen Einsatz von Mitarbeiterinnen aus.

Netzwerk-Organisationen beinhalten auch den Gedanken der Weiterführung der Vernetzung nach außen, um beispielsweise durch die Einbindung externer Dienste oder die Zusammenarbeit mit anderen Institutionen das eigene Leistungsangebot qualitativ oder quantitativ verbessern zu können.

■ Differenzierung und Koordination der Aufgabenbereiche

Die Organisationsstruktur wird differenziert durch die Art der Aufgabenverteilung, die Zuordnung des zur jeweiligen Aufgabe gehörenden Verantwortungsbereiches und der zur Erledigung der Aufgabe notwendigen Entscheidungsbefugnisse.

Die Koordination der Aufgaben erfolgt durch die Entwicklung der Kommunikationslinien und die Klärung der Verantwortlichkeiten.

Folgende Fragestellungen können dabei behilflich sein:

- Was ist der Aufgabenbereich der Leitung? Was ist die Verantwortung und Befugnis der Leitung? Wie und worüber informiert die Leitung wen und in welcher Weise?
- Was ist der Aufgabenbereich des Gesamtteams? Was wird im Gesamtteam entschieden? Welche Themen gehören in die Gesamtteamsitzung?
- Was sind die Aufgaben und die Befugnisse der Gruppenleitung? Welche Aufgaben können von der Gruppenleitung delegiert werden? Wann und in welcher Weise informiert die Gruppenleitung die Leitung oder das Gesamtteam?
- Welche Aufgaben haben die Mitarbeiterinnen in den Gruppen, wie werden die Teilaufgaben in der Gruppe koordiniert? Wie werden die notwendigen Informationen weitergegeben? Wer muss worüber informiert werden?
- Was sind „übergreifende" Aufgabenbereiche? Welche dieser Aufgabenbereiche sollten von Teams übernommen werden, wie sollten diese Teams aussehen? Welche Aufgaben sollten von Einzelpersonen wahrgenommen werden? Auch hier sind – wie oben geschildert – Verantwortungsbereiche, Befugnisse und Kommunikationsabläufe zu regeln.

■ Delegation – ein Instrument der situativen Anpassung von Organisationsstrukturen

Delegation ist ein wichtiges Instrument, das erlaubt, Entfaltungsräume den Bedürfnissen und Fähigkeiten der einzelnen Mitarbeiterinnen anzupassen. Außerdem hilft es, übergeordnete Stellen von Entscheidungen zu entlasten, die auf einer anderen Ebene besser getroffen werden können. Generell gilt der Grundsatz:

> Keine Entscheidung sollte von einer Stelle gefällt werden, wenn sie von einer untergebenen Stelle ebenso gut oder besser gefällt werden kann!
> Jede Entscheidung sollte von der untersten Stelle gefällt werden, die noch über den nötigen Überblick verfügt!

Mit der Delegation von Aufgaben ist auch die Delegation der dazu notwendigen Entscheidungsbefugnisse verbunden. Führungsverantwortung kann jedoch nicht delegiert werden. Die Mitarbeiterin trägt die Handlungs- und Sachverantwortung. Es liegt in der Verantwortung des Delegierenden, Aufgaben an die Mitarbeiterinnen zu übertragen, denen die Erfüllung (zeitlich, fachlich, organisatorisch) möglich ist. Dazu müssen aber die notwendigen Informationen, Mittel und Befugnisse zur Verfügung gestellt werden. Stelleninhaberinnen mit Leitungsfunktion (Gruppenleitung, Gesamtleitung, auch Praktikantenanleitung) sollten immer wieder überprüfen, ob das Ausmaß an Delegation angemessen ist in Bezug auf die Motivation, die Förderung der Entwicklung und die Zufriedenheit der Mitarbeiterinnen. Natürlich können nur solche Aufgaben übertragen werden, die der fachlichen Qualifikation und der Leistungsbereitschaft der Auszuführenden entsprechen. Allerdings kann eine Mitarbeiterin an einer Aufgabe auch „wachsen" und ihre Qualifikation verbessern. Alle sollten sich demzufolge gefördert und gefordert, aber nicht überfordert fühlen.

■ **Stellenbeschreibung – Detailregelung innerhalb der Organisationsstruktur**

Die Festlegung von Organisationsstrukturen beinhaltet auch Detailregelungen für die einzelnen Mitarbeiterinnen in Form von Stellenbeschreibungen. Eine Stelle ist die kleinste Einheit einer Organisation und besteht aus einem Aufgabenkomplex, dem dazugehörenden Verantwortungsbereich und den notwendigen Befugnissen.

Was ist bei der Gestaltung einer Stelle zu beachten?

■ Die Aufgabenbündelung sollte in erster Linie sinnvoll sein und der Mitarbeiterin helfen, ihren Beitrag zur Erfüllung der Gesamtaufgabe der Einrichtung einordnen zu können. Auf diese Weise wird die Identifikation mit dem Aufgabengebiet ermöglicht.

■ Variierende Teilaufgaben („Job Enrichment") machen eine Stelle abwechslungsreich, sie fördern insbesondere dann die Motivation, wenn das Teammitglied an der Auswahl der variierenden Aufgabenbereiche beteiligt wird.

■ Die Aufgaben sollten weder über- noch unterfordern. Aufgaben werden von Leitungen häufig fehleingeschätzt, da sich die Mitarbeiterin – im Gegensatz zur Leitung mit ihrem Wissensvorsprung – erst über die Aufgabe orientieren muss.

Stellenbeschreibungen sollten immer vor dem Hintergrund verfasst werden, dass die Stelleninhaberin einmal wechselt und dennoch Kontinuität gewahrt werden muss. Wesentliche Elemente einer Stellenbeschreibung sind:

– Benennung der Stelle,
– Benennung der Aufgaben mit den dazugehörenden Kompetenzen und Verantwortlichkeiten,
– organisatorische Eingliederung (vorgesetzte Stellen, weisungsberechtigte Stellen, direkt untergeordnete Stellen), Stellvertretung.

Beim gemeinsamen Erstellen einer Stellenbeschreibung können Leitung und Mitarbeiterin zusammen Stellenziele, Aufgaben und Kompetenzen erarbeiten und Beurteilungskriterien aufstellen. Auf beiden Seiten entsteht somit Klarheit über Verantwortungsbereiche, Ent-

Funktion Stelle	Aufgabe	Verantwortung	Entscheidungs-befugnis	Anforderungen
Gruppen-leitung	• Leitung des Gruppenteams • gesamte päd. Arbeit der Gruppe als ganzheitliche Aufgabenstellung • Planung, Koordination, Umsetzung und Dokumentation aller auf die Gruppe bezogenen Aufgabenbereiche	• Umsetzung der Konzeption und Qualitätsziele in der päd. Arbeit • Umsetzung von Beschlüssen des Gesamtteams	• Aufgabenverteilung und Arbeitseinteilung im Gruppenteam • päd. Inhalte unter Berücksichtigung der Konzeption	• fachliche Kompetenz • Delegationsfähigkeit
Gruppen-mitarbeiterinnen	• Übernahme von Aufgabenbereichen der päd. Arbeit in der Gruppe	• Planung, Umsetzung und Dokumentation der übernommenen Aufgabenbereiche • Umsetzung der Konzeption und Qualitätsziele bezogen auf den Aufgabenbereich	• inhaltliche Gestaltung des Aufgabenbereiches • Aufgabenverteilung in Bezug auf den Aufgabenbereich z. B. an Praktikanten usw.	• Teamfähigkeit • fachliche Kompetenz • Initiative ergreifen, Ideen einbringen
Alle Mitarbeiter nach Interesse	• „übergreifende Aufgaben" wie gruppenübergreifende Projekte • verwaltende Tätigkeiten (z. B. Bücherei, „Hausdienste")	• Planung, Umsetzung und Dokumentation der übernommenen Aufgabenbereiche • Umsetzung der Konzeption und Qualitätsziele – bezogen auf den Aufgabenbereich	• inhaltliche Gestaltung des Aufgabenbereiches • Aufgabenverteilung in Bezug auf den Aufgabenbereich z. B. an Praktikanten usw.	• Teamfähigkeit • fachliche Kompetenz • unterschiedliche weitere Anforderungen je nach Aufgabe (von Genauigkeit bis Ideenreichtum)
Leitung	• Leitung des Gesamtteams • übergreifende Aufgaben wie Öffentlichkeitsarbeit, Budgetplanung usw.	• Sicherung der Gesamtqualität der Arbeit des Hauses	• Aufgabenverteilung und Arbeitseinteilung im Gesamtteam • Budget	• Führungskompetenz • Delegationsfähigkeit • fachliche Kompetenz

Abb. 33: Funktionsbeschreibungen in einer Kindertageseinrichtung

scheidungsbefugnisse und Anforderungen. Bei Personalwechsel können vorliegende Stellenbeschreibungen als Grundlage für Bewerbungsgespräche verwendet werden.

Die in Abbildung 33 dargestellten Funktionsbeschreibungen können als Orientierungsgrundlage für Stellenbeschreibungen dienen und einen Überblick über die Grobstruktur der Organisation geben.

Entsprechend dieser Funktionsbeschreibungen bestehen feste Aufgabenbereiche mit unterschiedlichen Anforderungen. Jede Mitarbeiterin ist im Gesamtteam vertreten. Zusätzlich zur gruppenbezogenen Arbeit und der Arbeit im Gruppenteam können weitere Bereiche hinzukommen. Damit kann den Interessen der Mitarbeiterinnen Rechnung getragen werden. Bei unterschiedlichen Aufgaben arbeitet man in unterschiedlichen Teams, je nachdem, ob die Bildung eines speziellen Teams zur Erfüllung der Aufgabe notwendig ist oder nicht. Auch innerhalb der gruppenbezogenen Arbeit ist es ein Ziel, möglichst viele Teilbereiche zu delegieren, bis hin zu umfassenden Aufgaben wie der Verantwortung für die Planung und Durchführung des Gruppenalltags.

4.8.3 Sicherung des Informations- und Kommunikationsflusses (Kommunikationsstruktur)

Alle Teammitglieder tragen auf ihre Weise durch die Bewältigung bestimmter Teilaufgaben zum Gelingen der Arbeit des gesamten Hauses bei. Damit die dabei notwendig werdenden Entscheidungen über die Vorgehensweisen, Methoden etc. richtig getroffen werden können, sind eine Vielzahl von Informationen aufzunehmen und zu verarbeiten.

Teilschritte:

☐ Notwendige Informationen erkennen und gewichten
☐ Effektive Kommunikationsmittel auswählen
☐ Mitteilungs- und Entscheidungswege unterscheiden und festlegen

Welche Art von Informationen sind in einer Kindertageseinrichtung von Bedeutung?

– Daten zu den einzelnen Kindern (Alter, Entwicklungsstand, Familiensituation, Informationen über Elternmeinung etc.)
– Informationen zur Gruppe, zum Gruppenprozess
– Informationen zu Tagesereignissen, die die aktuelle Situation des einzelnen Kindes, der Gruppe, des Hauses beeinflussen
– Informationen, die gewisse Verpflichtungen beinhalten (z. B. Verabreichung von Medizin für ein Kind, Vereinbarungen mit Eltern etc.)
– Informationen über Vereinbarungen mit Kolleginnen und Kollegen, Absprachen, Aufgabenverteilung
– Fachliche Informationen (Fachwissen)
– Strukturelle Informationen, z. B. Entscheidungsbefugnisse, Trägervorgaben, dienstliche Verpflichtungen, Arbeitsrecht etc.

■ Informationsaustausch und Entscheidungsfindung

Zur Weitergabe der reinen Informationen kommt die Notwendigkeit des Informationsaustausches und der Entscheidungsfindung hinzu. Dabei müssen Informationen zusammengetragen, durch einen Dialog erweitert und differenziert werden. Anschließend folgt die Gewichtung von Informationen: diese werden zu Argumenten, es entwickelt sich eine Diskussion, die schließlich in einer Entscheidung endet. Entsprechend der Aufgabe ist es sinnvoll, dass Entscheidungen allein oder im Team getroffen werden. Gruppeninterne und gruppenübergreifende Formen der Zusammenarbeit benötigen demzufolge verschiedene Wege der Information und Kommunikation.

Zwei wesentliche Arten von Kommunikationslinien lassen sich unterscheiden:

1. Mitteilungswege, die der Weitergabe von Information dienen,
2. Entscheidungswege, wenn die Entscheidung nicht von der ausführenden Stelle getroffen wird bzw. wenn mehrere Personen an einer Entscheidung beteiligt sind (Mitentscheidungswege).

Eine geeignete Kommunikationsstruktur ermöglicht sowohl die kurzfristige, unkomplizierte Weitergabe wichtiger Informationen und setzt einen Rahmen für die Diskussion und den Entscheidungsfindungsprozess.

Merkmale einer guten Kommunikation im Team

Alle Teammitglieder müssen

☐ alle zur Erledigung ihrer Aufgabe wesentlichen Informationen erhalten;

☐ wissen, wo sie zusätzlich benötigte Informationen bekommen und

☐ an den relevanten Entscheidungsfindungsprozessen beteiligt werden.

Um die Kommunikationsstruktur effektiv zu gestalten, muss man unterscheiden, welche Informationen und Entscheidungen für die einzelne Stelle/Aufgabe wichtig sind. Zu vermeiden ist, dass durch ein Zuviel an Informationen Wesentliches aus den Augen verloren wird.

■ Mitteilungs- und Entscheidungswege im Gesamtteam

Für grundsätzliche Entscheidungen wie die Festlegung konzeptioneller Grundsätze und pädagogischer Ziele oder die Entscheidung über das Leistungsangebot ist die Mitwirkung aller pädagogischen Kräfte einer Einrichtung notwendig.

Die Entscheidungsqualität von Teamentscheidungen ist bei komplexen Sachverhalten besonders hoch. In der Teamdiskussion können viele Aspekte gesammelt werden und es ist möglich, die Entscheidungen vor einem differenzierten Hintergrund zu treffen.

Gründe und Argumente, die hinter richtungsweisenden Entscheidungen stehen, werden so allen Mitarbeiterinnen bekannt. Die damit entstehende Transparenz dient der Identifikation der Mitarbeiter mit den Zielen der Einrichtung und fördert die Entwicklung und Festigung der gemeinsamen Konzeption. Selbst wenn im Team letztendlich nicht alle Personen mit der Entscheidung einverstanden sind, kennen sie die Hintergründe und können somit die Entscheidung nachvollziehen.

Im Gesamtteam können Informationen zentral gesammelt werden, so dass sie allen Mitarbeiterinnen zur Verfügung stehen. Besonders bei Reflektionsprozessen spielt dies eine wesentliche Rolle.

Je größer das gesamte pädagogische Team einer Einrichtung ist, desto mehr wird man aus Gründen der Effektivität darauf achten, dass nur Grundsatzdiskussionen im Gesamtteam geführt werden. Zudem kann es sinnvoll sein, dass die Leitung oder speziell beauftragte Kleingruppen (Planungsteams, Qualitätszirkel) die Diskussion durch vorher gesammelte Informationen und Argumente vorbereiten.

Bei überschaubaren Gesamtteams können möglicherweise auch detailliertere Fragen behandelt werden, da der notwendige Informationsfluss beispielsweise zwischen einem Planungsteam und dem Gesamtteam so entfällt. Hier muss jede Einrichtung selbst den für sie effektivsten Weg finden.

■ Mitteilungs- und Entscheidungswege zwischen Gesamtteam und Arbeitsgruppen

Wird in differenzierten Teamstrukturen gearbeitet, ist ein Rückkopplungsprozess für Informationen und Entscheidungen zwischen den Gruppen-, Projektteams und dem Gesamtteam notwendig: Im Gesamtteam werden Zielsetzungen formuliert und Aufgaben verteilt.

Beschließt das Gesamtteam die Durchführung eines Projekts, so werden die einzelnen Gruppenteams beauftragt, die entsprechende Umsetzung in ihren Gruppen vorzunehmen.

Soll z. B. ein Herbstfest stattfinden, so wird in der Regel das Gesamtteam grobe Zielsetzungen formulieren. Die detaillierte Planung wird einem Projektteam von drei bis vier Personen übergeben, das

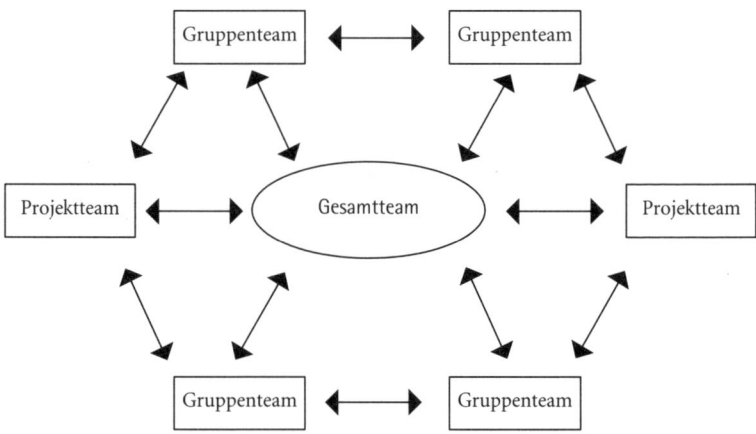

Abb. 34: Mitteilungs- und Entscheidungswege zwischen Gesamtteam, Gruppen- und Projektteams

die Veranstaltung vorbereitet und die Planung dokumentiert. Dieses hat die Verantwortung für das Gelingen der Veranstaltung und die Befugnis, über den Ablauf (unter Berücksichtigung der im Gesamtteam festgelegten Ziele) zu entscheiden. Je nach Größe und Wichtigkeit der Veranstaltung informiert das Planungsteam das Gesamtteam einmalig oder häufiger über den Stand der Planungen. Die Information kann über einen Aushang der Planungsdokumentation oder persönlich im Gesamtteam erfolgen. Bei Unsicherheiten kann die Planung zur Diskussion gestellt werden. Die letztendliche Entscheidung bleibt jedoch beim Projektteam. Dieses ist auch für die endgültige Vorbereitung und Durchführung zuständig. Nach Abschluss der Veranstaltung findet – wiederum je nach Größe und Wichtigkeit – eine Reflektion im Planungsteam oder auch zusätzlich im Gesamtteam statt und wird dokumentiert. Diese Art des wechselseitigen Kommunikationsflusses gilt für alle Arbeitsgruppen im Verhältnis zum Gesamtteam. Da alle pädagogischen Mitarbeiterinnen im Gesamtteam vertreten sind, ist der Kommunikationsfluss auf diese Weise auch zwischen den Teams gewährleistet.

■ Mitteilungs- und Entscheidungswege zwischen Gremien und Gremien/und Einzelpersonen

Für Informationen, die zwischen Teams notwendig sind oder alle Teammitglieder betreffen und die nicht ins Gesamtteam gehören oder dringend weitergegeben müssen, sind weitere Kommunikationswege notwendig.

Für kurze Informationen bietet sich ein „schwarzes Brett" an einer zentralen Stelle im Haus an, die nur für das Personal zugänglich ist. Hier kann jede Mitarbeiterin Nachrichten und Informationen hinterlassen. Für besonders dringende Informationen kann bei größeren Einrichtungen auch ein Rundruf-System in Form einer Staffel eingeführt werden, das festlegt, wer wen über eine dringende Angelegenheit informiert (und auch für das Ankommen der Information verantwortlich ist).

Bei komplexen Informationen oder Entscheidungen, die eine persönliche Abstimmung erfordern, besteht die Möglichkeit, Delegierte aus den jeweiligen Teams (z. B. aus den Gruppenteams) in die Sitzung eines anderen Gruppenteams oder einer Arbeitsgruppe zu entsenden. Die Delegierten können dann Informationen an beide Seiten weitergeben und sich an der Entscheidung beteiligen. Je nach Aufgabenstellung kann es auch sinnvoll sein, eine Arbeitsgruppe aus je einem Mitglied jedes Gruppenteams zusammenzusetzen.

Eine andere Arbeitsform zur Optimierung der Kommunikationsabläufe zwischen Teams und Einzelpersonen ist der Qualitätszirkel. Dieser wird in der Regel zur Erarbeitung von Vorschlägen für bestimmte Elemente des Qualitätsmanagementsystems ins Leben gerufen. Je nach der Ebene, auf der die Qualitätszirkel angesiedelt sind, sind entsprechend differenzierte Kommunikationswege und Rückkopplungen notwendig. Bei Qualitätszirkeln auf Trägerebene, an denen möglicherweise verschiedene Einrichtungsarten vertreten sind, kann die Etablierung einer Steuergruppe, bestehend aus den jeweiligen Einrichtungsleitern einschließlich der Trägervertretung, sinnvoll sein. Hier werden Entscheidungen über Rahmenbedingungen (Personal- und Sachentscheidungen) getroffen, die Wirksamkeit beurteilt und die Umsetzung geplant.

4.8.4 Förderung einer systematischen Personalentwicklung (Personalstruktur)

Eine hohe Qualität der Arbeit einer Kindertageseinrichtung entsteht nur aufgrund der Mitwirkung aller Mitarbeiterinnen. Deshalb verdient der Bereich der Personalentwicklung besondere Aufmerksamkeit. Sowohl die fachliche Qualifikation der Mitarbeiterinnen als auch die persönliche Eignung für den Beruf sind unverzichtbare Voraussetzungen. Die Vielzahl fachlicher und persönlicher Anforderungen, beginnend bei der fortlaufenden Beobachtung und Einschätzung von Gruppensituationen über unzählige Feinabstimmungen mit der Kollegin in der Gruppe bis hin zur Erörterung unterschiedlichster Themen in den täglichen Tür- und Angelgesprächen mit Eltern, verlangt von den Mitarbeiterinnen die Fähigkeit, sich schnell auf unterschiedlichste Situationen einzustellen und adäquat zu reagieren. Ohne hohe Motivation, gute Kommunikationsfähigkeit sowohl im Umgang mit Kindern als auch mit Erwachsenen (Eltern und Kolleginnen) und die Bereitschaft zur ständigen fachlichen Weiterentwicklung ist dies nicht zu leisten. Die hohen Ansprüche, die an eine Kindertageseinrichtung und somit an deren Personal herangetragen werden, erfordern eine gezielte Auswahl, eine kontinuierliche Unterstützung der Motivation sowie die regelmäßige Fortbildung der Mitarbeiterinnen, damit sie den Anforderungen auf Dauer gerecht werden können, ohne überfordert zu werden.

Teilschritte:
- ☐ Anforderungsprofil festlegen
- ☐ Personal gezielt auswählen
- ☐ Einarbeitung optimal gestalten
- ☐ Gemeinsames Qualitätsbewusstsein schaffen
- ☐ Durch Information und aktive Beteiligung motivieren
- ☐ Zielgerichtet fort- und weiterbilden

▨ Anforderungsprofil festlegen

Jede Einrichtung sollte klare Kriterien an die einzelnen Mitarbeiterinnen im Sinne eines Anforderungsprofils formulieren. Ein Anforderungsprofil der Gruppenleitung einer integrativen Gruppe könnte z. B. folgendermaßen aussehen:

- Grundkenntnisse im Bereich der Behindertenpädagogik
- Ganzheitliche Förderung insbesondere der Kinder mit Behinderung (Einzel- und Integrativförderung)
- Planung und Dokumentation der individuellen Förderung
- Beratung und Begleitung der Eltern der Kinder mit Behinderung
- Koordination der Zusammenarbeit Eltern – Kinderhaus – Fachdienste – Therapeuten
- Unterstützung und Beratung der Mitarbeiterinnen bei der Betreuung der behinderten Kinder
- Weiterentwicklung des fachlichen Kenntnisstandes aller Mitarbeiterinnen

▨ Gezielte Personalauswahl

Die gezielte Auswahl der Mitarbeiterinnen nach einem festgelegten Anforderungsprofil unter Einbeziehung der zukünftigen direkten Kolleginnen ist der erste und möglicherweise wichtigste Schritt zur Personalentwicklung.

Insbesondere die Eignung einer Bewerberin, im Rahmen einer bestehenden Einrichtungskonzeption arbeiten zu können sowie das Vorhandensein der dafür notwendigen fachlichen Qualifikation und Vorerfahrung, sollte bei der Auswahl unbedingt abgeklärt werden. Wichtig ist hier, den Bewerberinnen die Konzeption und die damit verbundenen Erwartungen der Einrichtung an künftige Mitarbeiterinnen klar darzustellen, damit diese nicht von unrichtigen Annahmen ausgehen und sich bewusst für den Arbeitsplatz entscheiden können.

Sinnvoll kann hier ein mit dem Team erarbeiteter „Leitfaden für Bewerbungsgespräche" sein, in dem festgelegt wird, wer Bewerbungsgespräche führt, wie die Rollenverteilung während des Gespräches aussieht, welche Gesprächsinhalte angesprochen werden sollen und wie die Entscheidungsfindung ablaufen soll.

Eine wohl überlegte Personalauswahl bezieht sich auch auf die Besetzung von Praktikumsstellen, seien es Vor- oder Berufspraktika im Rahmen der Erzieherinnenausbildung oder Kurzpraktika der unterschiedlichen Schulen, die in Kindertageseinrichtungen abgeleistet werden sollen. Auch Praktikantinnen befinden sich wie fest angestellte Mitarbeiterinnen in ständigem Kontakt mit Kindern und Eltern, was Grundvoraussetzungen an Umgangsformen und pädagogischen Kenntnissen erforderlich macht. Auch sie prägen die Qualität der gesamten Einrichtung.

■ Die Einarbeitung optimal gestalten

Ebenso wichtig wie die adäquate Auswahl ist die gute Einarbeitung neuer Mitarbeiterinnen. Auch hier ist es sinnvoll, die Einarbeitungsphase zu planen und die neuen Mitarbeiterinnen gezielt zu unterstützen, um ihnen einen möglichst reibungslosen Einstieg in vorhandene Strukturen zu ermöglichen und sie bald Anschluss an das bestehende fachliche Niveau der Einrichtung finden zu lassen. Regelmäßige Gespräche und strukturierte Informationen, z. B. durch gemeinsames Durcharbeiten der Konzeption oder des Qualitätshandbuches, sind hier sicherlich eine gute Basis.

■ Schaffung von Qualitätsbewusstsein bei allen Mitarbeiterinnen

Im Rahmen einer systematischen Personalentwicklung ist die Schaffung, Erhaltung und Schärfung des Qualitätsbewusstseins aller Mitarbeiterinnen notwendig. Diese müssen sich darüber im Klaren sein, dass jede einzelne zur Qualität der gesamten Einrichtung beiträgt.

Die gemeinsame Festlegung von Qualitätszielen im Team fördert die Entwicklung eines Qualitätsbewusstseins. Dazu müssen Qualitätsergebnisse sichtbar gemacht werden. Durch möglichst direkte und schnelle Rückmeldungen (sei es durch das gesamte Team oder durch einzelne Kolleginnen oder die Leitung) ergeben sich Orientierungshilfen.

Eine Schärfung von bereits vorhandenem Qualitätsbewusstsein wird durch die Stärkung der Eigenverantwortung für die Qualität des eigenen Arbeitsbereiches durch Selbstprüfung bzw. Selbstreflexion ermöglicht. Die Übertragung umfassender Verantwortung für die eigene Arbeitsqualität regt zu selbstkritischer Sicht der eigenen Arbeit an und lässt neue Ideen für Verbesserungsmöglichkeiten entstehen.

■ Motivation durch Information und aktive Beteiligung
Die im Rahmen des Qualitätsmanagements entwickelten Zielsetzungen, Strukturen und Prozesse müssen durch die Mitarbeiterinnen umgesetzt und „gelebt" werden. Insbesondere in einem dienstleistenden Betrieb wie einer Kindertageseinrichtung ist die Motivation der Mitarbeiterinnen für einen gelingenden Kontakt mit den Kunden besonders wichtig. Gute Information und Transparenz tragen zur Motivationsförderung von Mitarbeitern bei. Da gut informierte und kompetente Mitarbeiterinnen jedoch meist auch über gute Ideen verfügen, sollte es – nicht nur aus Gründen der Motivationsförderung – die Möglichkeit geben, diese aktiv einzubringen. Neuerungsvorschläge, die von der Leitung kommen, sollten immer genügend Spielraum beinhalten, um eine Diskussion, ein Ausprobieren und Mitgestalten zu ermöglichen.

■ Regelmäßige und umfassende Personalentwicklung
Voraussetzungen für eine hohe individuelle Leistung sind jedoch nicht nur die Motivation, sondern auch das notwendige Fachwissen sowie Kommunikationsfähigkeit, Teamfähigkeit und Kenntnisse in der Gesprächsführung. Deshalb sind folgende Inhalte bei der systematischen Personalentwicklung besonders zu beachten:

Inhalte einer systematischen Personalentwicklung

☐ Ständige Verbesserung der Kommunikationsfähigkeit (Umgang mit Eltern, Gesprächsführung etc.)

□ Effektivierung der Zusammenarbeit im Team durch geeignete Moderationsmethoden

□ Erweiterung des pädagogischen Wissensstandes (theoretische Grundlagen, methodische Standards etc.)

□ Verbesserung der Teamkultur (Motivationsstand, persönliche Beziehungen, gemeinsame Werte)

Fortbildungsmaßnahmen sollten nicht ausschließlich extern erfolgen. Gerade für die Umsetzung der eigenen konzeptionellen Ziele sind interne Schulungen durch die Leiterin oder erfahrene Mitarbeiterinnen unverzichtbar.

4.8.5 Klärung der Etat- bzw. Finanzstruktur

Eine entscheidende Determinante bei der Gestaltung des Leistungsangebotes einer Einrichtung ist der finanzielle Rahmen. Im Hinblick auf Personalkosten ist – zumindest für Kindergärten und Kinderhorte – eine Vorgabe und somit ein gewisser Standard durch die bestehende Personalkostenförderung gegeben. Wenngleich außerordentliche Anforderungen an eine Einrichtung durch besondere Problemstellungen in der Personalkostenförderung berücksichtigt werden, sind durch die mangelnde Berücksichtigung des Leistungsangebotes, beispielsweise der Öffnungszeiten, Träger bzw. Einrichtungen mit einem breiten Leistungsspektrum benachteiligt. Sachkosten sind voll vom Träger zu finanzieren, in der Regel zumindest teilweise durch Elternbeiträge, der Rest muss in Eigenleistung erbracht werden.

Ein klarer Nachweis gegenüber dem Träger, dass mit dem Leistungsangebot auch seine Ziele erreicht werden und dieses unter dem Gesichtspunkt des Kosten-Nutzen-Verhältnisses konzipiert wurde, liegt somit im Eigeninteresse der Einrichtung. Insbesondere bei konzeptionellen Änderungen oder Umstrukturierung der Finanzverwaltung, z. B. im Hinblick auf Budgetierung, kann es für Einrichtungen zukünftig notwendig werden, konkrete Kostenberechnungen für einzelne Leistungen durchzuführen, um Vorgaben von außen zuvor zu kommen und über eigene Argumentationsgrundlagen zu verfügen. Die Auseinandersetzung mit betriebswirtschaftlichen Grundbegriffen wird demzufolge auf lange Sicht unerlässlich, bietet vor allem den Leiterinnen aber auch Möglichkeiten der Einflussnahme auf Definition und Finanzierung von Standards, die nicht nur Rahmenbedingungen, sondern auch pädagogische Qualität definieren.

Teilschritte:

- ☐ Sachverhalte klären
- ☐ Verantwortlichkeitsbereiche erkennen
- ☐ Gestaltungsspielräume ausloten
- ☐ Prioritäten setzen
- ☐ Finanzplan erstellen und durchführen
- ☐ Ausgaben- und Einnahmenpraxis überwachen

■ Eigenverantwortlichkeit und Flexibilität helfen sparen

Wo die Einführung der Budgetierung nicht von vornherein mit drastischen Mittelkürzungen verbunden ist, machen sowohl Träger als auch Einrichtungen positive Erfahrungen mit einer flexiblen und eigenverantwortlichen Finanzverwaltung. Insbesondere wenn Einrichtungen eines Trägers auf der Basis eines gemeinsamen Leitbildes ein individuelles Profil entwickeln sollen, ist es unerlässlich, dass die Teams selbst inhaltliche und konzeptionelle Schwerpunkte setzen können und diese über ihren Etat und möglicherweise zusätzlich erschlossene Ressourcen finanzieren.

Der Übergang von zweckgebundenen und auf das Haushaltsjahr begrenzten Haushaltsstellen hin zur selbständigen Budgetverwaltung eröffnet Handlungsspielräume für die einzelne Einrichtung. Die damit verbundene Verantwortung für das Ergebnis fördert ein verantwortungsbewusstes Umgehen mit den zur Verfügung stehenden finanziellen Mitteln. Der Kerngedanke der Budgetierung ist:

Vertrauen
auf Eigenverantwortung
und Kompetenz der
Fachkräfte vor Ort

$+$

Flexibilität
im Haushaltsvollzug

$=$

Motivation
zu effektiverem und
effizienterem
Ressourceneinsatz

Abb. 35: Vorteile der Budgetierung

Es ist unumstritten, dass bei klaren Vorgaben von Grobzielen, die „Detailsteuerung" am besten vor Ort zu leisten ist. Die Notwendigkeit gewisser Ausgaben oder mögliche Alternativen können am besten vor Ort eingeschätzt werden. Die ursprünglich nach Fachbereichen aufgesplitterten Etatmittel werden von einer ganzheitlichen Budgetverwaltung abgelöst. Dies bedeutet, dass vor Ort auch über ehemals zentral verwaltete, aber die Einrichtung betreffende Ausgaben wie z. B. Reinigung, Instandhaltungsmaßnahmen, Fortbildung etc. entschieden wird.

Ein zusätzlicher Anreiz zum Sparen ist durch die – zumindest anteilige – Übertragung eingesparter Finanzmittel auf das kommende Haushaltsjahr gegeben. Auch das Aufweichen der Grenze zwischen Vermögenshaushalt und laufendem Haushalt führt zu wirtschaftlicherem Handeln. Ausgaben, die nur im Hinblick auf die Ausschöpfung vorhandener Haushaltsmittel erfolgen, sind nun nicht mehr notwendig. Anträge und ausführliche Begründungsschreiben entfallen, was auch zu einer Entlastung des Trägers führt.

Um den Erfolg der Budgetierung zu gewährleisten, sind eine Reihe von Voraussetzungen zu erfüllen:

- Klare Zielvorgaben durch den Träger (Kontraktmanagement) und darauf aufbauende Finanzplanung;
- Schulung und umfassende Information der Leitung und aller mit dem Budget der Einrichtung befassten Mitarbeiterinnen;
- Aufgabenteilung und Delegation von Verantwortung auch innerhalb der Einrichtung;

– Unterstützung der Einrichtung durch den Träger bei „fachfremden" Verwaltungsbereichen (z. B. Vergabe von Reinigungsarbeiten etc.) sowie durch die Möglichkeit, auf Trägerebene ausgehandelte Rahmenverträge zu nutzen;
– Regelmäßiger Abgleich der Budgetsituation mit den inhaltlichen und zahlenmäßigen Zielvorgaben innerhalb der Einrichtung und ggf. Veranlassung von Korrekturmaßnahmen (internes „Controlling");
– Regelmäßige Berichterstattung der Einrichtung an den Träger über den Stand des Budgets sowie rechtzeitige Meldung von Budgetabweichungen.

▨ Auch unkonventionelle Ideen sind gefragt
Im Wesentlichen gibt es neben den konventionellen Methoden der Finanzierung durch öffentliche Zuschüsse und der Aktivierung von Spenden auch die Möglichkeit, durch Sponsoring oder durch eigenes unternehmerisches Handeln die finanzielle Situation einer Einrichtung zu verbessern.

Auf dem Weg des Sponsoring werden Firmen um eine finanzielle Unterstützung gebeten, die sich zeitlich befristet auf die Förderung eines konkreten Projektes bezieht. Die Firmen erzielen dadurch einen gewissen Werbeeffekt. Dieser Weg der alternativen Mittelbeschaffung ähnelt der „zweckgebundenen" Spende. Für die Einrichtung bedeutet dies jedoch, dass ihr Name mit einem Firmennamen und einer Branche in Verbindung gebracht wird, was sich im Idealfall positiv auf das Image auswirkt.

Auch eigenes unternehmerisches Handeln ist eine Möglichkeit, den Etat aufzubessern und auch die Weiterentwicklung der durchaus üblichen Praxis des Verkaufs von Selbstgemachtem auf dem jährlichen Sommerfest. Inzwischen haben auch Kindertageseinrichtungen ein Gespür für „Marktlücken" entwickelt und nutzen diese geschickt aus: von der Vermietung von Räumlichkeiten für Kindergeburtstage bis hin zur Regenwurmzucht mit Verkauf an örtliche Anglerverbände. Auch Kinder werden in Projekte einbezogen: beispielsweise gibt es

Einrichtungen, deren Kinder selbst angefertigte Dinge an einem Stand auf dem Wochenmarkt verkaufen.

Der Kreativität ist hier keine Grenzen gesetzt. Folgende Fragen helfen dabei zu prüfen, welche Ideen sinnvoll sind:

- Stimmt unser Vorhaben mit unseren Leitzielen und konzeptionellen Grundlagen überein? Dient es der Umsetzung dieser Ziele?
- Wie wird das Image unserer Einrichtung durch das Projekt beeinflusst? Welche Meinung haben Eltern, Personal und Träger dazu?
- Wie sieht die Relation von Aufwand und Nutzen aus?
- Können die Verantwortlichen (Personal und/oder Eltern) das Projekt auch dann bewältigen, wenn es sie langfristig belastet?
- Welche gesetzlichen Bestimmungen müssen beachtet werden (z. B. bei öffentlichem Verkauf von Nahrungsmitteln) und welche Risiken müssen einkalkuliert werden?

Wesentlich ist, die Finanzierungsprojekte mit dem Profil und den Zielen der Einrichtung abzustimmen. Gelungene Projekte können neben der erwünschten finanziellen Unterstützung gewinnbringend für das Image und das Profil der Einrichtung sein.

4.8.6 Weiterentwicklung der Öffentlichkeitsarbeit und „Imagepflege"

Als weiterer Punkt der Strukturqualität ist die Organisation der Öffentlichkeitsarbeit einer Einrichtung zu betrachten. Wesentliche Teile der Dienstleistung sind für Eltern nicht lückenlos überprüfbar. Dies trifft bei einer Kindertageseinrichtung vor allem auf die Gestaltung des Tagesablaufes, die Atmosphäre in der Kindergruppe und den Umgang mit den Kindern zu. Die Unmöglichkeit der detaillierten Überprüfung der Leistung durch den Kunden und die damit verbundene Schwierigkeit der Eltern, an neutrale Informationen über den Alltag in der Einrichtung zu gelangen, lässt das Image oder den Ruf einer Einrichtung an Bedeutung gewinnen und führt häufig dazu, dass informelle Gespräche zur Beurteilung einer Einrichtung herangezogen werden. Dies gilt nicht nur für Kindertageseinrichtungen, sondern für alle Dienst-leister. Gespräche im Kreis der Familie, mit Freunden, Bekannten, Arbeitskollegen werden genutzt, um sich ein Bild von der Dienstleistung zu machen. Da diese persönliche Information weit größere Glaubwürdigkeit besitzt als die Kommunikation des Anbieters, heißt dies zugleich: Qualitätsorientierte Dienstleister sind in besonderem Maße auf positive Mund-zu-Mund-Kommunikation und die Vermeidung negativer Mund-zu-Mund-Kommunikation angewiesen.

a) Entwicklung eines positiven Bildes der eigenen Einrichtung in der Öffentlichkeit

Das Bild einer Einrichtung entsteht vor dem Hintergrund unterschiedlicher Indizien. Entscheidend hierfür sind vor allem die Meinungen der Kinder, ihrer Eltern und der Öffentlichkeit. Aber auch das äußere Erscheinungsbild des Personals und dessen Verhalten im Kontakt mit den Eltern (z. B. bei Tür- und Angelgesprächen) sowie beim Erstkontakt die erste Erfahrung mit der Einrichtung, die beispielsweise in einem Telefongespräch gemacht wird, beeinflussen das Bild von der Einrichtung.

Ein Image entsteht vor allem durch:

– Mund-zu-Mund-Kommunikation (Eltern, Kinder, Bekanntenkreis)
– Informationen aus dem äußeren Erscheinungsbild (Gebäude, Inneneinrichtung, Raumgestaltung)
– Informationen durch Mitarbeiterinnen (äußeres Erscheinungsbild und Kommunikation)
– Informationen durch Aushänge, Elternbriefe, Konzeptionsschrift etc.
– Informationen durch die Medien

Auf allen diesen Ebenen gilt es, dafür Sorge zu tragen, dass ein möglichst optimales Bild der Einrichtung entsteht.

b) Imagepflege

Wer ein bestimmtes Image aufbauen möchte, muss zuvor festlegen, wie es aussehen soll. Geschieht dies nicht, dann droht die Gefahr, dass sich ein Bild der Einrichtung in der Öffentlichkeit etabliert, das der Einrichtung nicht gerecht wird. Am Image der eigenen Einrichtung muss man folglich konsequent arbeiten. Eine Öffentlichkeitsarbeit durch zufällige Zeitungsberichte über die herkömmlichen Aktivitäten genügt nicht mehr.

Teilschritte:

- ☐ Imagekriterien festlegen
- ☐ Das aktuelle Image der Einrichtung ermitteln
- ☐ Strategien zur Weiterentwicklung bestimmen
- ☐ Gezielte Öffentlichkeitsarbeit durchführen

Die Bedeutung der Mund-zu-Mund-Kommunikation legt es insbesondere nahe, mit der Imagepflege zunächst innerhalb der Einrichtung zu beginnen.

Folgende Fragen sollten dabei beachtet werden:

- ■ Wie gestalten wir unsere Erstkontakte?
  Wie wird z. B. ein Besucher empfangen? Steht sofort eine Ansprechpartnerin zur Verfügung und welchen Eindruck vermittelt sie?
- ■ Wie werden Telefongespräche entgegengenommen? Erhalten Anrufer kompetente und verlässliche Auskunft beim ersten Anruf bzw. werden sie in einem angemessenen Zeitraum zurückgerufen?
- ■ Wie wirken das Gebäude und die Raumgestaltung, insbesondere im Eingangsbereich?
- ■ Ist unsere pädagogische Arbeit für die Eltern transparent und fühlen sich Eltern gut informiert?
  Hier ist zu beachten, dass es auf die Einschätzung der Eltern ankommt, ob sie sich gut informiert fühlen und nicht nur auf die eigene Einschätzung des Teams. Wichtig ist, dass die Information bei den Adressaten ankommt. Hier kommt es auf eine auf die Eltern abgestimmte Gestaltung der Informationen (z. B. übersichtlich, mit Fotos versehen), einen angemessenen Umfang und eine richti-

ge Wortwahl an. Insbesondere die Offenheit für Fragen in den täglichen Tür- und Angelgesprächen ermöglicht es den Eltern, ihr Informationsdefizit über das Geschehen in der Einrichtung im persönlichen Gespräch zu verringern und sich ein realistisches Bild von der Arbeit zu machen.

■ Wie gehen wir mit Beschwerden um?
Offenheit für Kritik ist wesentlich für einen konstruktiven Umgang mit Beschwerden. Wenn sich Eltern in einer Einrichtung kritisch äußern dürfen, fühlen sie sich ernst genommen und müssen ihrem Ärger nicht mehr durch negative Mund-zu-Mund-Kommunikation Luft machen. Dies beugt zudem Gerüchten vor und trägt wesentlich zur Imagepflege bei. Außerdem sind Beschwerden wichtige Informationen, wie Eltern und Kinder die Arbeit der Einrichtung einschätzen, und sollten zur Identifikation von Verbesserungspotential genutzt werden.

c) Imagepflege durch gezielte Öffentlichkeitsarbeit

Imagepflege muss nicht nur im Haus, sondern sollte auch außerhalb der Einrichtung betrieben werden. Dies kann z. B. dadurch geschehen, dass die Kindertageseinrichtung sich bei öffentlichen Veranstaltungen präsentiert und aktiv beteiligt oder dass bei außergewöhnlichen Ereignissen Medienvertreter gezielt eingeladen werden. Den Ideen sind hier keine Grenzen gesetzt. Außerdem können öffentliche Veranstaltungen wie ein „Tag der offenen Tür" das positive Image der Einrichtung fördern.

4.8.7 Allgemeine Hinweise zur Entwicklung der Qualität von Arbeitsstrukturen

Mit der Erhöhung der Anforderungen an die pädagogische Qualität verändern sich auch die Anforderungen an die Strukturen einer Einrichtung. Auch deren Qualität muss deshalb regelmäßig überprüft, an die Bedürfnisse angepasst und verbessert werden.

Neue Strukturen können jedoch nur etabliert werden, wenn jede einzelne Mitarbeiterin bereit ist, ihr Verhalten zu überdenken und zu verändern. Um effiziente Strukturen zu erarbeiten ist es notwendig, Widerstände im Team zu überwinden und eine positive Einstellung aller Beteiligten gegenüber Neuerungen zu erreichen sowie die Bereitschaft zu haben, bestehende Strukturen und Organisationsabläufe kritisch zu durchleuchten. Hilfreich kann hier ein neutraler Experte sein, der eventuell vorhandene „blinde Flecken" als Außenstehender leichter erkennt und als neutrale Person unvoreingenommen seine Meinung einbringen kann.

Teilschritte:

☐ Feststellung der derzeitigen organisatorischen Strukturen (Ist-Analyse)
☐ Festlegung künftiger Erfordernisse (Soll-Analyse)
☐ Ist-Soll-Vergleich und Entwicklung neuer Ideen
☐ Festlegung und Erprobung neuer Strukturen
☐ Evaluation und evtl. Korrektur

Grundsätzlich sollte bei der Erarbeitung und Weiterentwicklung von Organisations- und Arbeitsstrukturen so vorgegangen werden:

1. Bestandsaufnahme – mit welchen Strukturen arbeiten wir?
Bei einer Bestandsaufnahme der Organisationsstrukturen kommt es nicht auf eine lückenlose Darstellung aller Details an. Meist genügt die Darstellung der wesentlichen Organisationsinstrumente, um die notwendigen Informationen zu erhalten:
– Darstellung der Aufbauorganisation in einem Organigramm, verbunden mit Verantwortlichkeiten und Befugnissen
– Darstellung der Teamstrukturen
– Darstellung der Entscheidungswege
– Darstellung der Informations- und Kommunikationsmöglichkeiten
Möglich wäre hier, dass Kleingruppen die Beschreibung bestimmter

Bereiche übernehmen und die Ergebnisse der Bestandsaufnahme dem Gesamtteam zur Information und ggf. Nachbesserung vorgelegt werden.

Alternativ kann man auf eine alle wesentlichen Bereiche umfassende Bestandsaufnahme verzichten. Das gesamte Team sammelt lediglich vorhandene Unzulänglichkeiten und Schwierigkeiten. Diese werden dann den einzelnen Bereichen zugeordnet und dementsprechend weiterbearbeitet. Bei dieser Vorgehensweise ist jedoch die Atmosphäre im Team zu beachten, möglicherweise sollte auf anonyme Methoden wie Kartenabfrage oder Mitarbeiterbefragung zurückgegriffen werden, um ein realitätsnahes Ergebnis zu erzielen.

2. Durchführung eines Ist-Soll-Vergleichs – welche Anforderungen sollen unsere Strukturen erfüllen?
Im nächsten Schritt vergegenwärtigt sich das Team die Ziele, die der Strukturqualität zugrunde gelegt werden sollen. Diese Ziele beziehen sich direkt auf die Leitziele und die konzeptionellen Grundlagen der Einrichtung und sollten allgemeine Grundlagen der Organisationsentwicklung wie die Förderung von Mitarbeitermotivation, Flexibilität usw. berücksichtigen. „Idealvorstellungen" können gesammelt und dem Ist-Stand direkt gegenübergestellt werden.

3. Entwicklung neuer Ideen – wie kann man Abläufe reibungsloser gestalten?
Nun müssen Alternativen zu bisherigen Handlungsmöglichkeiten gesucht werden. Wichtig ist bei dieser Stoffsammlung, dass auch unkonventionelle Ideen zugelassen und akzeptiert werden, um die Bandbreite nicht vorzeitig einzuengen.

4. Neue Strukturen festlegen, ausprobieren und evaluieren
Die Entscheidung, welche Methoden nun ausprobiert werden sollen, fällt das Team in dieser Phase. Hier können – je nach Problemstellung – mehrere Probephasen eingefügt werden. Bestimmte Mitarbei-

terinnen probieren bestimmte Vorgehensweisen aus oder das gesamte Team entscheidet sich für einen Probelauf. Wichtig ist hier, einen Termin für die Reflektion und Entscheidung über die endgültige Annahme der neuen Organisationsmöglichkeiten festzulegen.

5. Implementieren, dokumentieren und regelmäßig überprüfen – Transparenz und Kontinuität der Strukturqualität gewährleisten

Ist-Stand	Soll-Stand	Lösungsmöglichkeiten	Priorität	Bewertung nach Probephase
Informationsaustausch noch zu gering	Alle Mitarbeiterinnen fühlen sich gut informiert.	Besseres Informationssystem: Informationswand im Personalraum	1	+
		Jeder ist für seinen Informationsstand mitverantwortlich: nachfragen, nachschauen.	1	+
		Gruppentreff, an dem jeweils eine Person aus einer Gruppe teilnimmt zum kurzen Informationsaustausch/Organisationsabstimmung.	3	–
Verantwortlichkeit nicht immer klar	Alle Kolleginnen kennen ihre Verantwortlichkeiten.	Verantwortlichkeiten festlegen und namentlich benennen	2	+
Teamstruktur in Aufbauphase	Sinnvolle Gremien vorhanden und Aufgaben der Teams geklärt.	Gesamtteam: Projektfragen, Qualitätsstandards, wenig Organisatorisches	1	+
		Fallbesprechung: Individuelle Kleingruppen	3	+

Abb. 36: Überprüfung von Teamstrukturen

Hat sich das Team nun für eine Arbeitsstruktur entschieden, geht es darum, dass diese endgültig festgesetzt, richtig durchgeführt und dokumentiert wird. Die Dokumentation dient als Nachschlagemöglichkeit bei anfänglichen Unsicherheiten über Vereinbarungen und später als Möglichkeit für neue Mitarbeiterinnen, sich möglichst schnell in den bestehenden Strukturen zurechtzufinden. Regelmäßige Überprüfungen der Strukturqualität dienen der fortlaufenden Anpassung an sich verändernde Bedingungen.

Das abgebildete Beispiel fasst die Ergebnisse einer Teamreflexion in Bezug auf die eigenen Teamstrukturen zusammen (Abb. 36).

4.9 Der neunte Schritt: Evaluationsverfahren festlegen

4.9.1 Grundsätzliches

Mit der Entwicklung qualitativer Standards und der Dokumentation der durchgeführten Prozesse ist eine Grundstruktur vorhanden, die eine optimale Leistung vorbereiten kann. Dadurch ist aber noch nicht die Gewissheit gegeben, dass die Mitarbeiterinnen auch tatsächlich das angestrebte Qualitätsniveau erfüllen. Um dies zu erreichen, müssen die erbrachten Leistungen bewertet und unter Umständen kritisiert werden, so dass daraus Verbesserungsabsichten entstehen können. Diesen Vorgang bezeichnet man auch als Evaluation.

> Mit Hilfe von Evaluation wird eine Dienstleistung überprüft und bewertet. Dadurch werden die Leistungen, die Arbeitsweise und die Wirkungen einer Dienstleistung dokumentiert. Auf diese Weise können auftretende Probleme und Unzulänglichkeiten frühzeitig erkannt und bearbeitet werden.

Maßnahmen der Evaluation dienen vor allem
- der systematischen Sammlung und Auswertung von Daten zur Kontrolle der Qualität, der Effektivität und Effizienz der eigenen Arbeit, sowie
- der kritischen Selbstvergewisserung über das eigene berufliche Handeln und über die Qualitätsentwicklung der eigenen methodischen Arbeit.

Die Durchführung einer Evaluation setzt immer voraus, dass die Beteiligten ein Interesse an einer Verbesserung ihrer Arbeit haben.

4.9.2 Methodische Hinweise und Beispiele zur Sicherung der Prozessqualität

Auch wenn in einer Einrichtung konkrete Qualitätsstandards formuliert sind, ist damit noch nicht gesichert, dass in der täglichen Arbeit diese Vorgaben auch eingehalten werden. Damit die vielen Gespräche, die zur Entwicklung von Standards geführt haben, nicht folgenlos bleiben, gilt es, durch geeignete Maßnahmen der Selbst- und Fremdbewertung deren Umsetzung zu sichern.

Teilschritte:

☐ Interesse an der Qualitätssicherung wecken
☐ Geeignete Evaluationsverfahren festlegen
☐ Evaluationsaufgaben delegieren und Verantwortlichkeiten benennen
☐ Den zeitlichen Ablauf und Dokumentationsverfahren festlegen

Verschiedene Verfahren sind dabei denkbar:
a) Die Selbstevaluation ist die wichtigste und effektivste Form der Evaluation, da hier die einzelne Mitarbeiterin wirklich die Verantwortung für ihre Leistung übernimmt und versucht, diese fachlich zu be-

obachten und zu verbessern. Eine solche Selbstevaluation kann geschehen

- durch Selbstbeobachtung anhand vorher bestimmter Qualitätskriterien;
- durch die Auswertung eigener Unterlagen oder Protokolle.

b) Die gegen- oder wechselseitige Evaluation innerhalb des Teams stellt hohe Ansprüche, sie liefert aber meist weitaus aussagekräftigere Ergebnisse. Sie kann geschehen durch

- Beobachtung einer anderen oder mehrerer Kolleginnen bei der Durchführung eines fachlichen Prozesses;
- Auswertung von Protokollen und Dokumenten durch Mitarbeiterinnen zu einem bestimmten Vorgang (z. B. Protokolle der Elterngespräche eines Jahres).

c) Die Fremdevaluation durch die Befragung externer Beobachter, wie z. B. Eltern oder Fachberatung, geschieht etwa durch

- unsystematische Auswertung der Tür- und Angelgespräche mit den Eltern;
- Auswertung von Beschwerden und Anregungen (Kummerbriefkasten);
- ausführliche Elterngespräche, bei denen grundsätzlich die Frage nach der Qualitätsbewertung gestellt wird;
- Durchführung einer Elternbefragung;
- Gespräch mit der Fachberaterin aufgrund eines Einrichtungsbesuches.

Konsequenz einer guten Dokumentation könnte auch sein, dass z. B. eine Leiterin der Öffentlichkeit darüber Auskunft geben könnte, wie viele Kinder sich altersgemäß entwickeln und wie vielen Kindern durch eine besondere Förderung geholfen wurde, wie viele Elterngespräche in einem Jahr durchgeführt worden sind und wie viel und welche Anregungen und Kritik es dabei gegeben hat. Durch solche Daten ist ein Haus in der Lage, Rechenschaft darüber abzulegen, was es leistet. Gleichzeitig kann es nach außen die Qualität der eigenen Arbeit darstellen.

Evaluationsverfahren können sehr aufwendig, aber auch sehr einfach und doch erfolgreich sein. Worauf es immer wieder ankommt, ist, zusammen mit den Mitarbeiterinnen Verfahren zu entwickeln, die vom gesamten Team akzeptiert werden.

Einige Beispiele für mögliche Evaluationsverfahren:

- Qualität der Raumgestaltung:
  Jedes Gruppenteam berichtet einmal pro Jahr anhand von selbst gefertigten Dias über die Gestaltung und Veränderung der Gruppenräume. Eine Erzieherin erhält den Auftrag, die Gestaltung der Eingangshalle, der Gänge und der Intensivräume für ein Jahr zu übernehmen und darüber dem Gesamtteam zu berichten.
- Qualität des Erzieherinnenverhaltens:
  Einige Erzieherinnen wechseln während einer vorher festgelegten Woche mehrmals die Gruppen. Sie arbeiten in den „fremden" Gruppen mit und beobachten dort, wie die Kolleginnen die vereinbarten Standards durchsetzen. Am Ende der Woche geben sie den Beobachteten ein Feedback. Außerdem führt die Leiterin einmal pro Jahr ein Personalgespräch mit jeder Mitarbeiterin.
- Qualität der Entwicklungsförderung:
  Jedes Gruppenteam beschreibt anhand eines vorgefertigten Formulars Ende Oktober und Ende April den Entwicklungsstand jedes Kindes. Im November und im Mai finden dann Sitzungen des Gesamtteams statt, bei denen über alle auffälligen Kinder gesprochen wird und Förderpläne erstellt werden.
- Qualität der Gestaltung der Mahlzeiten:
  Eine Mitarbeiterin erhält den Auftrag, während einer bestimmten Periode die Gestaltung der Mahlzeiten zu beobachten, anhand der vereinbarten Kriterien auszuwerten und dem Gesamtteam darüber ein Feedback zu geben.

In der Praxis zeigt sich, dass sich einzelne Teammitglieder am Anfang schwer damit tun, sich gegenseitig zu beobachten und Feedbacks zu

Auswertung der

☐ Elterngespräche   ☐ Lehrergespräche

Zeitraum: ....

Gruppe: ....   Kinderzahl: ....

Anzahl der Elterngespräche: ....   Anzahl der Lehrergespräche: ....

davon An-/Ummeldegespräche: ....

davon Entwicklungsgespräche: ....

davon Problemgespräche: ....

Anregungen	Kritik	besonders zufrieden mit:

Auswertung erstellt von: ....   am ....

Abb. 37: Dokumentvorlage für die Auswertung von Elterngesprächen

geben. Ist allerdings das Klima im Team intakt, sind die meisten Teammitglieder offen, motiviert und ehrlich, dann führen solche Evaluationsmethoden zur nachhaltigen Verbesserung der Gesamtqualität und des Arbeitsklimas. Denn alle spüren: auf Dauer ist es sinnvoller, ehrlich und offen kleinere Schwachstellen zu benennen und vorhandene Stärken zu loben, als sich als „unantastbar" aufzuführen. Kritik an diesem oder jenem ist nämlich immer vorhanden, die Frage ist nur, ob es nicht besser ist, eine konstruktive Kritik offen und freundlich zu äußern, als hinter dem Rücken der Betroffenen.

171

4.9.3 Methodische Hinweise und Beispiele zur Sicherung der Ergebnisqualität

Mit Hilfe der Ergebnisqualität wird überprüft, ob eine Einrichtung auch den Zwecken gerecht wird und die Ziele erreicht, die sie sich setzt. Da die Ziele im Wesentlichen auf den Erwartungen der Interessenpartner beruhen, sollte eine Kindertageseinrichtung Ergebnisse auf folgenden Ebenen nachweisen können:

Aspekte der Ergebnisqualität einer Kindertageseinrichtung

☐ **Ebene der Kinder:**
Werden alle Kinder optimal betreut?
Haben sich die Kinder bezüglich ihrer intellektuellen und kreativen Fähigkeiten optimal entwickelt?
Entwickeln die Kinder die adäquaten menschlichen (persönlichen, sozialen etc.) Eigenschaften?

☐ **Ebene der Eltern:**
Bietet die Einrichtung den Eltern eine optimale Dienstleistung, was Höflichkeit, Kompetenz, Verlässlichkeit, Verständnis etc. anbelangt?

☐ **Ebene des Trägers:**
Wird die Umsetzung der Trägerziele erreicht?
Besitzt die Einrichtung ein positives Image?

☐ **Ebene der Kommune:**
Wird bedarfsgerecht und effizient gearbeitet?

☐ **Ebene der Mitarbeiterinnen:**
Wird ein optimales Arbeitsklima erreicht?

Alle diese Fragen sind deshalb nicht leicht zu beantworten, weil es keine objektiven Maßstäbe gibt, mit Hilfe derer man feststellen kann, ob die Ziele erreicht wurden. Bei allen diesen Methoden stellen sich zwei Probleme:

▪ Leider kann nie genau festgestellt werden, ob das, was bei den Kindern schließlich bewirkt wurde, durch die Kindertageseinrichtung zustande gekommen ist oder ob sich das nicht von allein ergeben hätte. Wird ein Kind schulreif, und das müsste ja eines der wichtigsten Ergebnisse der Arbeit einer Kindertageseinrichtung sein, so stellt sich die Frage, was die Einrichtung dazu beigetragen hat und ob sie nicht unter Umständen etwas verhindert hat, was nur durch die Bemühungen der Eltern erreicht werden konnte. Eine objektive Messung von Ergebnissen ist daher nicht möglich.

▪ Macht man die Qualität der Ergebnisse von der Beurteilung durch die Interessenpartner, vor allem der Kinder und Eltern, abhängig, so ergibt sich das Problem, dass diese normalerweise keine Vergleichsmöglichkeiten haben (sie kennen die Arbeit in anderen Kindertageseinrichtungen nicht). Die einen Eltern könnten so mit relativ guten Ergebnissen unzufrieden, die anderen mit relativ schlechten zufrieden sein.

Angesichts dieser schwierigen Situation bleibt nichts anderes übrig als Wege zu suchen, wie eine Beurteilung der Ergebnisse trotzdem wenigstens annäherungsweise erreicht werden kann.

Immer müssen dazu verschiedene Verfahren miteinander verbunden werden, da die einzelnen Aspekte nur ein unklares Bild ergeben. Eine Mixtur aus folgenden Verfahren bietet sich an:

▪ Die regelmäßige Begutachtung der Kinder anhand von Entwicklungskriterien, die entweder von außen übernommen werden oder die sich ein Team selbst zusammenstellt. Bei Kindern mit Entwicklungsverzögerungen werden Fachleute hinzugezogen.

▪ Die regelmäßige mündliche und/oder schriftliche Befragung der Eltern bezüglich des Entwicklungsstandes der Kinder, der Qualität der Einrichtung und des Dienstleistungsangebotes, das die Einrichtung zur Verfügung stellt.

▪ Regelmäßige Gespräche mit dem Träger und Vertretern der Kommune über deren Zufriedenheit mit der Einlösung der Erwartungen und Ziele.

■ Die regelmäßige mündliche oder schriftliche Befragung der Mitarbeiterinnen bezüglich ihrer Zufriedenheit mit der Arbeitssituation.

■ Der Auftrag an externe Berater, Befragungen durchzuführen oder einzelne Prozesse bezüglich ihrer Ergebnisse zu bewerten.

Besonders achten sollte man bei der Auswertung dieser Befragungen auf Differenzen, die sich aus der unterschiedlichen Bewertung eines gleichen Sachverhalts durch die unterschiedlichen Adressaten ergeben. Solche Differenzen können auf mögliche Schwachstellen einer Einrichtung hinweisen und ergeben, bei einer objektiven Betrachtung, mögliche Ansatzpunkte für Weiterentwicklungen.

Mögliche Fragen an die Eltern bezüglich der Ergebnisqualität:

☐ Wie zufrieden sind Sie mit den angebotenen Öffnungszeiten?

☐ Wie zufrieden sind Sie mit der Gesamtatmosphäre in der Kindertageseinrichtung?

☐ Wie zufrieden sind Sie mit der Entwicklung Ihres Kindes?

☐ Wie zufrieden sind Sie mit dem Spektrum der pädagogischen Angebote?

☐ Wie zufrieden sind Sie mit den Angeboten für Eltern?

☐ Alles in allem: Wie zufrieden sind Sie mit der Arbeit der Kindertageseinrichtung?   *Bewertung nach Schulnoten: 1 bis 5.*

4.10 Der zehnte Schritt: Die einzelnen Teilaspekte in einem Qualitätshandbuch integrieren

4.10.1 Grundsätzliches

Die Integration der bisherigen Schritte in ein Gesamtmodell und die Beschreibung des Systems in einem Qualitätshandbuch schließen die Einführung in das **KitaManagementKonzept** ab. Mit Abschluss und Freigabe des Handbuches wird dieser Schritt ganz offiziell vollzogen.

DAS QUALITÄTSHANDBUCH DIENT ALS

- ☐ Überblick über das Qualitätsmanagementsystem
- ☐ Arbeitsgrundlage
- ☐ Nachschlagewerk
- ☐ Führungsinstrument
- ☐ Basis für Qualitätsüberprüfungen

Das Qualitätshandbuch gibt einen Überblick über das gesamte Qualitätsmanagementsystem. Es schafft Transparenz und damit Vertrauen bei den Interessenpartnern und hilft so, das insbesondere bei dienstleistenden Organisationen vorhandene Problem der „Produktprüfung" für den Kunden zu verkleinern. Da die Eltern die Qualität einer Einrichtung nicht vollkommen bewerten können, insbesondere nicht, bevor das Kind die Einrichtung tatsächlich besucht, vermittelt ein Qualitätshandbuch doch eine gewisse Garantie, dass Qualität systematisch entwickelt und gesichert wird.

Für die Mitarbeiterinnen ist das Qualitätshandbuch eine wichtige Arbeitsgrundlage. Es dient der Umsetzung der bestehenden pädagogischen Konzeption und sichert die sachgerechte Erbringung der einzelnen Leistungen ab. Es gibt eine verlässliche Orientierung für ihre Arbeitsweise und erleichtert die Selbstprüfung und Eigenreflexion. Dies wirkt sich positiv auf die Motivation aus.

Das Qualitätshandbuch ist auch ein Nachschlagewerk für alle Teammitglieder und stellt sicher, dass alle das gesamte Qualitätsmanagementsystem kennen. Insbesondere neu hinzukommende Kolleginnen können sich anhand des Handbuches schnell in bestehende Strukturen einarbeiten.

Das Qualitätshandbuch ist vor allem ein Führungsinstrument. Dialog und Diskussion über Standards entstehen bei der gemeinsamen Erarbeitung und das Team entscheidet sich für zukünftig geltende Standards. Dies ist eine „legitimierte" Basis für die Leitung, auf die sie sich immer wieder beziehen kann und muss. Entscheidungen basieren dann weniger auf der subjektiven Einschätzung der Leitung. Dadurch wird die Leitung entlastet. Gleichzeitig entsteht so auch Kontinuität durch fortlaufende Verbindlichkeit auch bei einem Wechsel der Leitung.

Das Qualitätshandbuch stellt auch sicher, dass alle erarbeiteten Aspekte in Zukunft berücksichtigt werden und nicht im Alltagsgeschäft verloren gehen. Mit den entsprechenden Qualitätsstandards bildet es die Grundlage für Audits und Überprüfungen.

4.10.2 Die einzelnen Elemente eines Qualitätshandbuchs

Ein Handbuch entsteht nach und nach. Trotzdem ist es wichtig, im Voraus die grundlegenden Strukturen zu bestimmen. Das **KitaManagementKonzept** hält eine zu enge Orientierung an der Reihenfolge der

Abb. 38: Elemente eines Qualitätshandbuches

Normforderungen der DIN EN ISO 9000 ff für wenig zweckmäßig. Als geeignetes Grundraster wird folgende Unterteilung vorgeschlagen:
– In einem allgemeinen Teil werden die grundlegenden Aussagen des Qualitätsmanagementsystems vorgestellt;
– in einem ersten Anhang werden die pädagogischen Qualitätsstandards (einschließlich der Standards der Elternarbeit),
– in einem zweiten die strukturellen Qualitätsstandards,
– in einem dritten die Evaluationsverfahren und
– in einem vierten Teil die Dokumentvorlagen
dargestellt (s. Abb. 38).

Im Folgenden werden die einzelnen Teile eines Qualitätshandbuchs jeweils zunächst erläutert und dann an Beispielen verdeutlicht. Die am Rand der einzelnen Beispiele angebrachten Vermerke verweisen auf die jeweils dazugehörenden Qualitätsstandards in den Anhängen.

4.10.3 Qualitätshandbuch – allgemeiner Teil

Der allgemeine Teil des Qualitätshandbuchs umfasst die wichtigsten allgemeingültigen Aussagen, die für das Gesamtverständnis der Einrichtung und deren Funktionsweise unabdingbar sind. Dargelegt werden die Grundlagen des Managementsystems.

		(1) Trägerleitbild, Selbstverständnis, Qualitätspolitik
		(2) Betreuungsangebot, Profil
		(3) Organisationsstruktur
Qualitätshandbuch	(4) Ziele
Allgemeiner Teil	(5) Teilleistungen
		(6) Prozessbeschreibung, Prozessplanung
		(7) Dokumentation
		(8) Evaluation, Weiterentwicklungsprozesse
		(9) Personalentwicklung
		(10) Ressourcenmanagement

Abb. 39: Beispiel für Inhalte des allgemeinen Teils eines Qualitätshandbuches

(1) Trägerleitbild, Selbstverständnis, Qualitätspolitik

Jede Einrichtung wird von einem Träger organisiert und finanziert, der mit der Trägerschaft bestimmte ideelle Ziele verbindet. Diese Ausrichtung bildet die Grundlage für die Arbeit einer Einrichtung und steht deshalb am Anfang eines Qualitätshandbuches.

Trägerleitbild

Das Kinderhaus ist eine Einrichtung der Stadt N.N. und damit am Leitbild der Stadtverwaltung orientiert. Es umfasst die Verpflichtung:
– die Stadt für alle Menschen lebenswert zu gestalten,
– das Handeln an den Bedürfnissen der Menschen unserer Stadt zu orientieren,
– bürgerschaftliches Engagement, Eigeninitiative und Selbstverantwortung zu stärken,
– Gleichbehandlung zu sichern und Chancengerechtigkeit zu fördern,
– Gestaltungsspielräume zu nutzen und
– transparent und nachvollziehbar zu handeln.

Abb. 40: Beispiel „Trägerleitbild"

Das Selbstverständnis umschreibt die wichtigsten gemeinsamen Werte des Teams. Es bringt die grundlegenden Einstellungen der Mitarbeiterinnen zum Ausdruck. Diese sind für das Verständnis der gesamten Arbeit grundlegend.

In der Beschreibung der Qualitätspolitik verpflichtet sich die Einrichtung zum Qualitätsmanagement und klärt die notwendigen organisatorischen Grundzüge wie Verantwortung und Befugnisse, die Bereitstellung der erforderlichen Finanzmittel sowie die Beauftragung eines Verantwortlichen für das Qualitätsmanagementsystem und dessen regelmäßige Überprüfung.

Unser Selbstverständnis

Unser Ziel ist, als kommunale Kindertageseinrichtung einen Beitrag zu einer lebenswerten Stadt zu leisten. In Bezug auf unseren konkreten Auftrag im Rahmen der Bildung, Erziehung und Betreuung von Kindern setzen wir uns folgende Schwerpunkte:

bedarfsorientiert

Wir verstehen uns als dienstleistungsorientierte sozialpädagogische Einrichtung und unterstützen Kinder und Familien durch bedarfsorientierte Kindertagesbetreuungsplätze. Unser Ziel ist die Zufriedenheit der Kinder und Eltern, die Leistungen unseres Hauses in Anspruch nehmen.

innovativ

Wir unterziehen unser Gesamtangebot einem Prozess der ständigen Verbesserung und entwickeln es fortlaufend im Dialog zwischen Eltern, Kindern, Träger und Fachkräften weiter. Unser Ziel ist, durch die Entwicklung neuer Ideen und Methoden adäquat und zeitnah auf veränderte Anforderungen zu reagieren.

engagiert

Wir treten für die Belange von Kindern ein und fördern Chancengerechtigkeit durch die Unterstützung behinderter Kinder und deren Familien. Wir sichern Gleichbehandlung und sind tolerant gegenüber verschiedenen Meinungen und Lebensstilen und offen für andere Kulturen.

Die Achtung von Natur und Umwelt ist uns stets ein besonderes Anliegen.

Abb. 41: Beispiel „Selbstverständnis"

Unsere Qualitätspolitik

Das Kinderhaus verpflichtet sich zur ständigen Überprüfung und Weiterentwicklung der Qualität des Gesamtangebotes und dessen kontinuierliche Anpassung an den vorhandenen Bedarf durch ein einrichtungseigenes Qualitätsmanagementsystem. Das Qualitätsmanagementsystem bezieht sich auf die pädagogischen und organisatorischen Anforderungen an das Kinderhaus und genügt den Anforderungen der DIN EN ISO 9001.

Der Träger legt die Qualitätspolitik und Ziele der Einrichtung fest. Alle Mitarbeiter/-innen sind aktiv an dem ständigen Verbesserungsprozess beteiligt und tragen die Verantwortung für die Umsetzung der Ziele in ihrem Aufgabenbereich. Der Leitung obliegt die Letztverantwortung für die Umsetzung, Aufrechterhaltung, Überprüfung und Weiterentwicklung des Qualitätsmanagementsystems und für das Erreichen der Qualitätsziele der Einrichtung. Der Träger stellt dazu angemessene Mittel und geschultes Personal zur Verfügung.

Abb. 42: Beispiel „Qualitätspolitik"

(2) Betreuungsangebot, Profil

Die Darstellung des Betreuungsangebotes gibt eine Übersicht über die Art der Kindertagesbetreuungsplätze, die Anzahl der Gruppen, die Gruppengrößen, die Öffnungszeiten etc. Besteht ein besonderes Profil, so kann dies hier hervorgehoben werden.

Unsere Gruppen

Im Einzelnen sieht unser Betreuungsangebot wie folgt aus:
Wir unterstützen die Vereinbarkeit von Familie und Beruf durch
- breite Öffnungszeiten täglich von 7 bis 17 Uhr,
- flexible Hol- und Bringzeiten sowie eine
- flexible Ferienregelung mit 25 Schließtagen pro Jahr.
- Gestaffelte Betreuungszeiten und die darauf abgestimmte Entgeltregelung ermöglichen die Ausrichtung auf den individuellen Bedarf.

Die Betreuungsmöglichkeit für Kinder im Alter zwischen ein bis zwölf Jahren gewährleistet Kontinuität, Zuverlässigkeit und Sicherheit für Eltern und Kinder.

	Öffnungszeiten	Plätze
Kinderkrippe für Kinder im Alter von 1 bis 3 Jahren	7–17 Uhr	12
Kindertagesstätte für Kinder im Alter von 3 bis 6 Jahren	7–17 Uhr	25
„Verlängerte Gruppe" für Kinder im Alter von 3 bis 6 Jahren	7–14 Uhr	25
Integrative Gruppe für Kinder im Alter von 3 bis 6 Jahren	7–14 Uhr	15
Hort für Kinder im Alter von 6 bis 12 Jahren	8–17 Uhr	25
Platzzahl gesamt		102

Abb. 43: Beispiel „Betreuungsangebot"

Unser Profil

Aufgrund des im Kinder- und Jugendhilfeplan ermittelten Bedarfs ergeben sich folgende qualitative und quantitative Anforderungen als Ausgangslage für das Betreuungsangebot des Kinderhauses:

Platz für Kinder unterschiedlicher Altersgruppen
Kooperation

Im Kinderhaus betreuen wir Kinder im Alter von ein bis zwölf Jahren in einer Kinderkrippengruppe, drei Kindergartengruppen und einer Hortgruppe. Durch gruppenübergreifendes und offenes Arbeiten erleben die Kinder das Kinderhaus als Gemeinschaft und knüpfen Kontakte zu Kindern anderer Altersgruppen.

Platz für Kinder mit verschiedenen Bedürfnissen
Integration

Wir integrieren Kinder mit verschiedenen Bedürfnissen in unsere Kindergruppen. Unsere Konzeption geht auf Kinder mit unterschiedlichen persönlichen, familiären, sozialen und kulturellen Voraussetzungen ebenso ein wie auf Kinder, die von einer Behinderung betroffen oder bedroht sind.

Platz für Begegnungen
Öffnung

Wir schaffen verschiedene Begegnungsmöglichkeiten für Kinder und Erwachsene unseres Stadtteils und sind offen für Eltern-Kind-Gruppen, Selbsthilfegruppen und Initiativen, die die Belange von Kindern und Familien unterstützen.

Abb. 44: Beispiel für das Profil einer Kindertageseinrichtung

(3) Organisationsstruktur

Die Organisationsstruktur gibt einen Überblick über die in der Einrichtung vorhandenen Arbeits- und Kommunikationsstrukturen. Hier kann auch der Stellenplan eingefügt werden.

Unsere Organisationsstruktur

Küche/Haus-wirtschaft		Leitung Gesamtteam		Hausmeister/Reinigung
Variable Planungsteams Verantwortlich: Planungs-verantwortliche				Feste Gruppenüber-greifende Teams Verantwortlich: Planungs-verantwortliche
Gruppenteam Verantwortlich: Gruppenleitung	Gruppenteam Verantwortlich: Gruppenleitung	Gruppenteam Verantwortlich: Gruppenleitung	Gruppenteam Verantwortlich: Gruppenleitung	Gruppenteam Verantwortlich: Gruppenleitung

Die Organisationsform des Kinderhauses beinhaltet verschiedene Hierarchieebenen mit den dazugehörigen Verantwortungsbereichen und Entscheidungsbefugnissen. Das zentrale Entscheidungsgremium ist das Gesamtteam.

Jede Untergruppierung des Gesamtteams (Gruppenteams, Planungsteams) hat einen speziellen Aufgabenbereich, es ist jeweils eine hauptverantwortliche Person benannt. Die einzelnen Aufgabenbereiche und dazugehörigen Entscheidungsbefugnisse werden im Anhang B beschrieben.

Hauptmerkmal ist die gegenseitige Unterstützung und Entlastung der einzelnen Mitarbeiter/-innen und Gruppen durch gruppenübergreifende Teams mit speziellen hausübergreifenden Aufgabengebieten und Verantwortungsbereichen.

Abb. 45: Beispiel für die Organisationsstruktur einer Kindertageseinrichtung

183

(4) Ziele

Hier werden die im Rahmen der Konzeptionsbildung bestimmten Ziele dargestellt. Kurze Erläuterungen zum Text erleichtern deren Verständnis.

Unsere Ziele

Die Kinder fühlen sich wohl
in der offenen und lebendigen Atmosphäre des Kinderhauses. In unserer Raum- und Tagesgestaltung berücksichtigen wir die Bedürfnisse der Kinder nach Freiräumen und Geborgenheit, Bewegung und Ruhe, Spontaneität und Verlässlichkeit.

Die Kinder entwickeln eine eigenständige und selbstbewusste Persönlichkeit
Wir akzeptieren das Kind als eine eigenständige Person und unterstützen es, Selbstbewusstsein zu entwickeln. Indem wir ihre Gefühle zulassen und annehmen und ihnen genügend Freiräume für selbständiges Handeln schaffen, erfahren sich die Kinder im Kinderhaus als eigenständige und geschätzte Persönlichkeit.

Die Kinder entwickeln soziale Kompetenzen
wie Konfliktfähigkeit, Kompromissbereitschaft und Einfühlungsvermögen durch vielfältige Erfahrungen in der Kindergruppe wie Gemeinschaft und Freundschaft, Toleranz und Offenheit, Gerechtigkeit und Unterstützung. Wir unterstützen die Kinder, entsprechend ihrer Entwicklung, in der Gruppe entstandene Konflikte selbst zu lösen.

Die Kinder entwickeln kreative und kognitive Fähigkeiten
durch ganzheitliche Förderung und kindgerechte Lernerfahrungen.
Das selbstbildende Freispiel als kindgemäßeste Form des Lernens genießt bei uns einen hohen Stellenwert und wird durch vielfältige Materialien und eine ansprechende Raumgestaltung unterstützt.

Die Kinder entwickeln eine Werthaltung
gegenüber den Mitmenschen, der Umwelt und ihrer eigenen Gesundheit.
Wir vermitteln Grundwerte, verbunden mit einer christlichen Grundhaltung und Achtung vor anderen Kulturen und Religionen. Wir fördern umweltgerechtes Verhalten der Kinder, unterstützen eine gesunde Ernährung und achten auf Hygiene.

Wir unterstützen die Eltern in der Verantwortung für die Erziehung ihrer Kinder
Die Erziehung von Kindern stellt Eltern heute vor große Aufgaben. Kinder brauchen persönliches Engagement, Zeit und Geld. Durch unser umfassendes Bildungs-, Erziehungs- und Betreuungsangebot ergänzen wir die Erziehung in der Familie und erleichtern die Vereinbarkeit von Familie und Beruf.

Abb. 46: Beispiel für die Zielformulierung einer Kindertageseinrichtung

---

Unser Leistungsangebot

Kindgerechte Raumgestaltung und Platz für Eltern
Wohnungsähnliche Gruppeneinheiten mit Podesteinbauten aus Holz bieten den Kindern eine Atmosphäre der Geborgenheit mit Rückzugsmöglichkeiten und lassen zugleich Platz für Spiel und Bewegung. Zusätzliche Intensivräume wie Werkraum, Töpferraum, Rhythmik- und Motorikraum im Untergeschoss bieten Platz für Kreativität und Einzelförderung oder Kleingruppen.
Eltern finden Platz im Elterncafé, wo sie sich ungezwungen niederlassen und Kontakte knüpfen können.
Der „Gemeinwesenbereich" mit separatem Eingang von außen ermöglicht die Integration von Eltern-Kind-Gruppen, Selbsthilfegruppen und Initiativen in das Kinderhaus.

Vielfältiges pädagogisches Angebot
Mit einem umfassenden Leistungsangebot in Bezug auf die Bildung, Erziehung und Betreuung der Kinder werden die konzeptionellen Ziele des Kinderhauses im pädagogischen Alltag umgesetzt. Das breite Angebot ermöglicht ein individuelles Eingehen auf die Bedürfnisse und den Entwicklungsstand der Kinder. Besonderen Anforderungen tragen wir durch spezielle Förderdienste und Kinderkurse in Zusammenarbeit mit Therapeuten und der Volkshochschule Rechnung.

Pädagogische Arbeit in den Gruppen
- selbstbildendes Freispiel
- Projektarbeit
- Kleingruppenarbeit
- Aktivitäten in der Gesamtgruppe
- Einzelgespräche
- Gruppengespräche
- Feste und Feiern
- Anregungsreiche Raumgestaltung

Gruppenübergreifende Aktivitäten
- Regelmäßige gruppenübergreifende Angebote(Musikwerkstatt, Turnen, Werkstatt)
- situationsorientierte Angebote
- gruppenübergreifende Spielbereiche

Kindgerechte Betreuung
- pädagogischer Umgang mit Kindern
- ausgewogene Gestaltung des Gruppenlebens und Tagesablaufs

- kindgerechte Mittagsmahlzeit
- Erstversorgung bei Verletzung und Krankheit
- Pflege und Sicherheit

Spezielle Angebote
- Schulvorbereitung
- Schulbegleitung (Hausaufgabenbetreuung, Übungseinheiten)
- Kinderkurse
- Gemeinsame Aktivitäten außer Haus
- Aktivitäten für Eltern und Kinder

Spezielle Förderung
- Frühförderung
- Ergotherapie
- Sprachförderung
- Logopädie

Abb. 47: Beispiel für die Darstellung der pädagogischen Teilleistungen einer Kindertageseinrichtung

(5) Teilleistungen

Das Leistungsangebot stellt alle wesentlichen Teilleistungen einer Einrichtung dar und gibt so einen Einblick in die Arbeitsweise der Einrichtung. Zugleich wird auf diese Weise eine grobe Überprüfung der Zielerreichung möglich.

Unterstützende Angebote für Eltern

Durch eine Reihe von Angeboten im Kinderhaus unterstützen wir die Eltern. Verschiedene Informationsmöglichkeiten machen die pädagogische Arbeit für Eltern transparent, in gemeinsamen Gesprächen tauschen Eltern und pädagogisches Personal Informationen über den Erziehungsprozess aus und stimmen die Vorgehensweise aufeinander ab. Wir bieten Möglichkeiten, mitzuwirken und Verantwortung zu übernehmen und möchten die Eltern auf diese Weise in den Alltag des Kinderhauses einbeziehen.

Elterngespräche
- Tür- und Angelgespräche
- Entwicklungsgespräche
- Problemgespräche
- Abschlussgespräch

Elterninformation
- Kinderhauszeitung
- Aushänge, Elternbriefe

Elternmitsprache
- Kinderhauselternbeirat
- Förderverein

Elternabende
- Gruppenelternabende mit Kinderbetreuung
- Gesamtelternabende

Elternprojekte
- Buch-Projekt
- Bastelgruppe

Offene Angebote für Eltern
- Elterncafé

Abb. 48: Beispiel für die Darstellung der Teilleistungen der Elternarbeit

---

Offene Angebote

Durch offene Angebote wie Eltern-Kind-Gruppen oder Selbsthilfegruppen wird das Kinderhaus zum Treffpunkt für Familien aus dem Stadtteil. Die Sonderleistungen werden in der Regel durch ehrenamtliche Mitarbeiter/-innen und die Zusammenarbeit mit Selbsthilfegruppen und Initiativen erbracht.

Eltern-Kind-Gruppen	Selbsthilfegruppen
• Eltern-Kind-Gruppen	• Eltern hörgeschädigter Kinder
• integrative Eltern-Kind-Gruppen	• Treffpunkt Alleinerziehende
	• Eltern von Kindern mit Down-Syndrom
Initiativen	
• „Frühchentreff"	Öffentliche Veranstaltungen
• Stillberatungskreis	• Flohmarkt
	• Vorträge
	• Sommerfest

Die ehrenamtlichen Mitarbeiter/-innen werden nach ihrer Qualifikation durch eine entsprechende Ausbildung oder durch langjährige Erfahrung in der Arbeit mit Kindern und Erwachsenen ausgewählt. Durch regelmäßigen Kontakt und Informationsaustausch ist die Erfüllung der Anforderungen an die Arbeit der ehrenamtlichen Mitarbeiter/-innen gewährleistet.

Abb. 49: Beispiel für die Darstellung von Teilleistungen der Öffnung nach außen

(6) Prozessbeschreibung, Prozessplanung, Prozesslenkung

Die DIN EN ISO 9000 ff versteht unter Prozess die Umwandlung von Eingaben in Ergebnisse aufgrund des Einsatzes personeller und materieller Ressourcen.

Am Erziehungsprozess sind folgende Interessenpartner beteiligt:

– Personen, die einzelne Prozessschritte ausführen und verantworten (Mitarbeiterinnen),

– Personen, die zum Ablauf des Prozesses oder einzelner Prozessschritte Hilfsmittel beisteuern (therapeutische Dienste),

– Personen, die direkt am Prozess beteiligt sind bzw. von den Ergebnissen profitieren (Eltern und Kinder).

187

Für das Qualitätsmanagement insgesamt sind zwei Aspekte von herausragender Bedeutung:

1. Die Schaffung von Regelkreisen, innerhalb derer die Ergebnisse der Prozesse regelmäßig daraufhin bewertet werden, inwieweit die ursprünglichen Absichten und Ziele erreicht worden sind, um gegebenenfalls Korrekturmaßnahmen einzuleiten.
2. Die Berücksichtigung von Prozessrisiken, um den Aufwand zur Beseitigung von Fehlern zu reduzieren, die bereits frühzeitig erkennbar und vermeidbar gewesen wären (Prävention).

Die kontinuierliche Verbesserung von Prozessen ist eine Empfehlung der DIN EN ISO 9000 ff. Die Planung und Durchführung von solchen Verbesserungen setzen jedoch eine genaue Kenntnis des Prozesses, die Identifikation der entscheidenden Erfolgsfaktoren sowie die Überprüfung während des Prozesses und an dessen Abschluss voraus. Letztendlich muss erkennbar sein, dass der Prozess „beherrscht" ist und durch geeignete Maßnahmen lenkbar ist. Der Kernprozess „Bilden-Erziehen-Betreuen" wird im Qualitätshandbuch beschrieben:

DER KERNPROZESS „BILDEN-ERZIEHEN-BETREUEN"

- ☐ Beschreibung des Prozessablaufes unter Berücksichtigung der entscheidenden Erfolgsfaktoren (z. B. fortlaufender Dialog mit den Eltern)
- ☐ Verweise auf die damit verbundenen Detailregelungen in Form pädagogischer Qualitätselemente
- ☐ Verweise auf die verschiedenen Formen der Dokumentation zur Sicherung der Rückverfolgbarkeit
- ☐ Verweise auf die verschiedenen Formen der internen und externen Evaluation während und nach Abschluss des Prozesses.

Der Prozess „Bilden – Erziehen – Betreuen"

Die Erbringung der Dienstleistung „Bildung – Erziehung – Betreuung" ist der Kernprozess der Arbeit des Kinderhauses. Die Verantwortlichkeiten für die einzelnen Prozessabläufe sowie die damit verbundenen Aufgaben und Befugnisse der Mitarbeiter/-innen und der beteiligten Gremien sind in den strukturellen Qualitätselementen geregelt.

Fortlaufender Dialog als Grundlage des Erziehungsprozesses

Die aktive Mitwirkung der Eltern und Kinder trägt maßgeblich zum Ergebnis der Dienstleistung bei. Wir nehmen uns deshalb Zeit für ein ausführliches Anmeldegespräch, in dem Eltern detaillierte Informationen über Konzept und Arbeitsweise des Kinderhauses erhalten, sowie ihrerseits Informationen über Entwicklung und Situation des Kindes weitergeben. Gegenseitige Erwartungen werden abgeklärt, Betreuungszeiten und die Grundrichtung für den Erziehungsprozess festgelegt.

QS-STRUK 1
Organigramm

QS-STRUK 6
Leitung

QS-STRUK 7
Stellv. Leitung

QS-STRUK 8
Gruppenleitung

QS-STRUK 9
Päd. Fachkraft

Damit die aktive Beteiligung und regelmäßige Information der Eltern auch während des Erziehungsprozesses sichergestellt ist, führen wir regelmäßige Entwicklungsgespräche. Dadurch erhalten wir während des Prozesses Einschätzungen der Eltern zum Verlauf und der Prozess kann auf die aktuelle Situation abgestimmt werden.

QS-EL 1
Umgang mit Eltern

QS-EL 3
Anmeldegespräch

QS-EL 4
Entwicklungsgespräch

Bei auftretenden Schwierigkeiten im Erziehungsprozess oder beobachteten Defiziten des Kindes (z. B. im Hinblick auf Schulreife) suchen wir umgehend das Gespräch mit den Eltern, erarbeiten mit ihnen Lösungsmöglichkeiten und stellen bei Bedarf Kontakte zu anderen Institutionen her.

QS-EL 2
Tür- und Angelgespräch

DOKU 2
Gesprächsprotokoll

Bei besonderem Förderbedarf können zusätzlich externe Dienste wie Ergotherapie, Sprachförderung, Frühförderung und Logopädie im Kinderhaus in Anspruch genommen werden. Sind weitere Personen oder Institutionen am Erziehungsprozess beteiligt (z. B. Beratungsstellen, Schule, Therapeuten etc.), arbeiten wir ebenfalls mit diesen zusammen und suchen das regelmäßige Gespräch.

Beschwerden und Unzufriedenheiten von Eltern sind wichtige Botschaften an unsere Einrichtung. Wir ermuntern Eltern, ihre Meinungen kund zu tun und ihre Kritik offen zu äußern. Beschwerden werden systematisch erfasst und in den ständigen Verbesserungsprozess einbezogen.

QS-EL 7
Umgang mit Beschwerden

Nach Abschluss der Betreuung im Kinderhaus bitten wir die Eltern zu einem Abschlussgespräch, um den Besuch des Kindes im Kinderhaus zu reflektieren und einen bewussten Abschluss zu ermöglichen.

QS-EL 5
Abschlussgespräch

Abb. 50: Beispiel für die Beschreibung des Erziehungsprozesses einer Kindertageseinrichtung

Prozessplanung

Die systematische Planung ist eine der Schlüsseltätigkeiten im Erziehungsprozess.

Die Verantwortung für die Planung der pädagogischen Arbeit in den einzelnen Gruppen liegt in der Hand des jeweiligen Gruppenteams. Die Planung der pädagogischen Arbeit im Kinderhaus ist grundsätzlich an der Situation orientiert und läuft folgendermaßen ab:

→ Beschreibung der aktuellen Situation/ Sammlung von Informationen

→ Situationsanalyse

→ Zielentwicklung

→ Methodenplanung

→ Dokumentation

→ Auswertung / Reflektion

→ Identifizierung von Verbesserungspotential

Ziel der situationsorientierten Planung im Kinderhaus ist, aktuelle Inhalte, die die Kinder interessieren, aufzugreifen, das Interesse der Kinder durch Hinzugabe weiterer Informationen und verschiedene Umsetzungsmöglichkeiten zu unterstützen und die Entwicklung zu fördern.

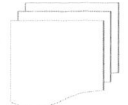

QS-STRUK 2
Gesamtteam

QS-STRUK 3
Team

QS-STRUK 4
Gruppenteam

QS-STRUK 5
Planungsteam

DOKU 1
Kinderbeobachtungs-bogen

DOKU 3
Planungsbogen

DOKU 16
Gruppenübergreifende Aktivitäten

Abb. 51: Beispiel für eine Übersicht über die Prozessplanung

Prozesslenkung

Die Umsetzung der Planung im pädagogischen Alltag stellt nochmals besondere Anforderungen an die Gruppenteams sowie die pädagogische Fachkraft als Person und an ihre fachliche Kompetenz. Ein besonderes Merkmal des Erziehungsprozesses ist, dass die Kinder aktiv an der Umsetzung teilnehmen und diese entscheidend beeinflussen. Persönlichkeitsmerkmale, Entwicklungsstand, Lebens- und Familiensituation des einzelnen Kindes sind ebenso Variablen im Erziehungsprozess wie aktuelle Ereignisse, Gruppensituation, räumliche Umgebung oder die Beziehung zur pädagogischen Fachkraft.

Die situationsorientierte pädagogische Arbeit im Kinderhaus erfordert demzufolge detaillierte Informationen sowohl über das einzelne Kind als auch über die gesamte Gruppe und bezieht diese in den Prozess mit ein.

Die pädagogischen Fachkräfte beziehen die notwendigen Informationen durch:

→ systematische Beobachtung des einzelnen Kindes,
→ systematische Beobachtung der gesamten Gruppe,
→ Informationen von Eltern bzw. weiteren Informationsquellen z. B. Kolleginnen, Schule, Therapeuten).

Der Erziehungsprozess im Kinderhaus setzt sich aus einzelnen Prozesselementen zusammen, die sich sowohl auf das einzelne Kind als auch auf Gruppen von Kindern beziehen und durch ein breites Spektrum ein optimales Eingehen auf die Situation gewährleisten.

Zielsetzungen und Ablauf der Elemente sowie die Aufgaben der pädagogischen Fachkraft werden im Team diskutiert, erprobt, entschieden und in Qualitätselementen verschriftlicht. Die Standards sind nach der Freigabe für alle Teammitglieder verbindlich und sichern die Prozessqualität im Kinderhaus. Inhalte und Umsetzung der Standards werden regelmäßig überprüft (siehe „Evaluation") und neuen pädagogischen Anforderungen angepasst.

PS-PÄD 1
Pädagogischer Umgang mit Kindern

QS-PÄD 2
Gestaltung des Grupenlebens

QS-PÄD 2A
Morgen- bzw. Mittagskreis

QS-PÄD 3
Selbstbildendes Freispiel

QS-PÄD 4
Kleingruppenarbeit

QS-PÄD 4A
Offene Angebote neben dem Freispiel

QS-PÄD 4B
Zielgruppenorientierte Kleingruppenangebote

QS-PÄD 5
Projektarbeit

QS-PÄD 6
Gruppenübergreifendes Arbeiten

QS-PÄD 7
Feste und Feiern

QS-PÄD 8
Raumgestaltung

QS-PÄD 9
Religiöse Erziehung

QS-PÄD 10
Schulvorbereitung

QS-PÄD 11
Schulbegleitung

QS-PÄD 11A
Hausaufgabenbetreuung

QS-PÄD 11B
Übungseinheiten

QS-PÄD 12
Freizeitgestaltung und Ferienbetreuung

QS-PÄD 13
Integration

QS-PÄD 14
Spezielle Betreuung und Förderung für unter 3jährige

Abb. 52: Beispiel: Übersicht über die Prozesslenkung

191

(7) Dokumentation

Durch Dokumentation werden die einzelnen Schritte und Maßnahmen im Erziehungsprozess nachvollziehbar. Das Dokumentationssystem legt fest, welche Prozesse auf welche Weise dokumentiert werden müssen.

Dokumentation

Offenes pädagogisches Arbeiten erfordert eine gewissenhafte Dokumentation, um die Entwicklungsschritte der einzelnen Kinder verfolgen und unterstützen zu können. Durch ein adäquates Dokumentationssystem weisen wir die Erfüllung der vorgegebenen Forderungen und die Umsetzung der Konzeption nach und können die einzelnen Schritte und Maßnahmen im Erziehungsprozess nachvollziehen.

Das Dokumentationssystem legt fest, welche Prozesse dokumentiert werden müssen. Für diesen Zweck entworfene und erprobte Formblätter sowie ein Ablagesystem gewährleisten eine übersichtliche und zeitsparende Dokumentation.

Bereits im Rahmen der Dokumentation werden Daten erfasst, die in der Evaluation wiederverwendet werden, wie Meinungen von Eltern und Kindern zu bestimmten Angeboten und Aktivitäten, Teilnehmerzahl usw. Die regelmäßige Auswertung der Dokumentation geschieht mit Blick auf die ursprünglichen in der Planung gesteckten Ziele.

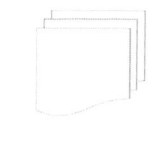

QS-STRUKTUR 10
Dokumentationssystem

Abb. 53: Beispiel: Kurzbeschreibung des Dokumentationssystems

(8) Evaluation, Weiterentwicklungsprozesse

In diesem Kapitel werden die verschiedenen Verfahren zur Durchführung der Evaluationsmaßnahmen vorgestellt.

Die ständige Weiterentwicklung sämtlicher Teilleistungen und des Gesamtangebotes einer Einrichtung bedarf konkreter Verfahren. Diese sollten im allgemeinen Teil des Qualitätshandbuchs abschließend dargestellt werden.

Evaluationssystem

In der Evaluation der pädagogischen Arbeit stellen wir die Einschätzungen aller beteiligten Personen einander gegenüber. Meinungen von Kindern, Eltern, ausführender pädagogischer Fachkraft, Kolleginnen und ggf. externen Beobachtern werden aus verschiedenen Quellen unter Zuhilfenahme geeigneter Methoden zusammengetragen: Die Evaluationsdokumente werden systematisch gesammelt und in regelmäßigen Abständen ausgewertet. Die Ergebnisse der Auswertungen werden dokumentiert, die Umsetzung der identifizierten Verbesserungspotentiale durch Überprüfung und Aufzeichnung gewährleistet. Die Beobachtungs- und Evaluationsmethoden werden regelmäßig überprüft und weiterentwickelt.

Interne Evaluationsmethoden	Externe Evaluationsmethoden
→ Selbstbewertung	→ Kinderkonferenz
→ Teamreflexion	→ Elternbefragung
→ Kollegiale Beobachtung	→ Trägerbefragung
→ Mitarbeiterbefragung / Mitarbeiter-gespräch	→ Expertenbeobachtung
→ Auswertung der Dokumentation	
→ Interne Audits	

Der Prozess „Bilden-Erziehen-Betreuen" – ein Prozess der kontinuierlichen Verbesserung

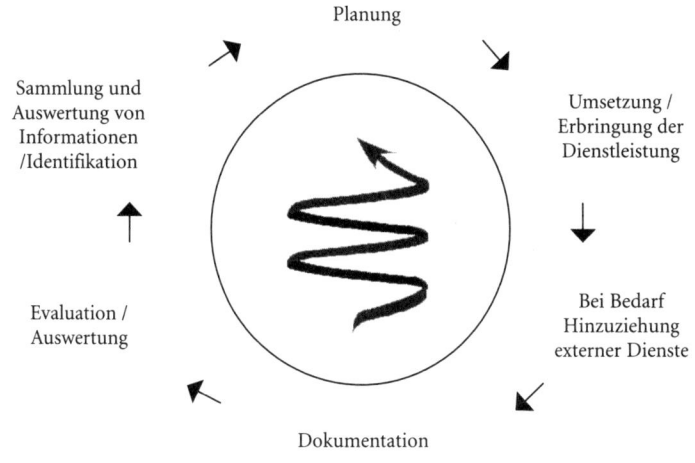

Abb. 54: Beispiel: Überblick über ein Evaluationssystem

193

Weiterentwicklung des Gesamtangebotes

Die in der Evaluation gewonnenen Daten aus der Auswertung erbrachter Leistungen sowie Informationen aus regelmäßigen Bedarfserfassungen werden regelmäßig einer Analyse unterzogen. Aus einem Soll-Ist-Vergleich ergeben sich vorbeugende Maßnahmen und Verbesserungspotentiale, die im Team diskutiert werden. Die Zuordnung zu den Bereichen Prozessqualität, Strukturqualität und Dienstleistungsqualität ermöglicht die Formulierung klarer Ziele und die Einleitung geeigneter Maßnahmen. Der gesamte Prozess der Weiterentwicklung ist im Folgenden mit Hilfe eines Flow-Charts im Überblick dargestellt:

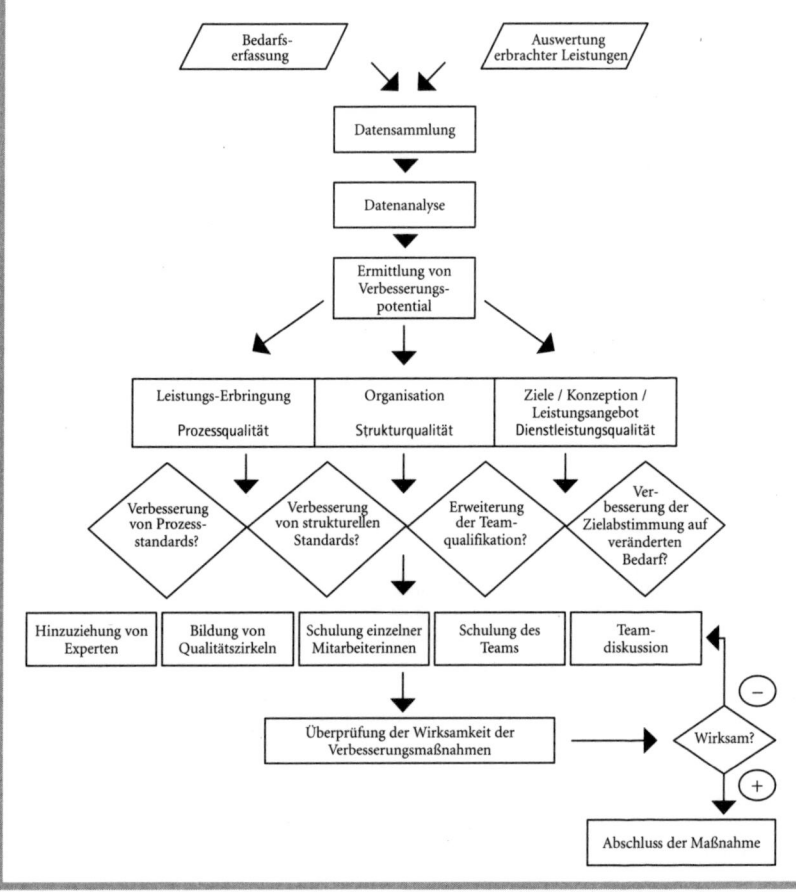

Abb. 55: Beispiel für eine Übersicht über das System kontinuierlicher Weiterentwicklung einer Kindertageseinrichtung

(9) Personalentwicklung

Personalentwicklung und Mitarbeiterqualifikation sind wesentlich für die Gesamtqualität einer Einrichtung. Aus diesem Grund müssen die Grundprinzipien und Methoden der Fortbildung und Schulung im Qualitätshandbuch dargestellt werden.

Personalentwicklung und Mitarbeiterqualifikation

Eine qualifizierte pädagogische Arbeit mit Kindern setzt fachliche und persönliche Kompetenz der Mitarbeiter/-innen voraus. Durch verschiedene Formen der Personalentwicklung und Mitarbeiterqualifikation fördern wir Motivation und fachliche Weiterentwicklung unserer Mitarbeiter/-innen.

→ Regelmäßige Team-Praxisberatung
→ Themenbezogene Teamfortbildungen mit externen Referenten
→ Externe themenbezogene Fortbildungen
→ Interne themenbezogene Fortbildungen
→ Fallbesprechungen
→ Regelmäßiger Austausch mit anderen Kinderhäusern, Exkursionen
→ Regelmäßige Teilnahme an Arbeitskreisen

Der individuelle Fortbildungs- und Schulungsbedarf wird in jährlichen Mitarbeitergesprächen systematisch erhoben. Alle Maßnahmen zur Personalentwicklung und Mitarbeiterqualifikation werden systematisch dokumentiert.

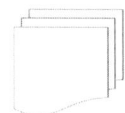

DOKU 36
Fortbildungen

QS-STRUK 14
Fallbesprechungen

QS-STRUK 16
Mitarbeitergespräch

Abb. 56: Beispiel für die Übersicht über die Personalentwicklung

(10) Ressourcenmanagement

Ein Überblick über Finanzierungsquellen, Finanzplanung, Mittelbereitstellung und -verwaltung wird in dem Kapitel „Ressourcenmanagement" gegeben. Wirtschaftliche Mittelverwendung sowie die Ermittlung von Einsparpotentialen und zusätzlichen Finanzierungsmöglichkeiten sollten als Zielsetzungen für das Ressourcenmanagement erkennbar sein.

Ressourcenmanagement

Das Kinderhaus ist eine öffentliche Einrichtung in kommunaler Trägerschaft. Es wird sowohl aus Mitteln der öffentlichen Hand, als auch durch Elternbeiträge finanziert.

Vor diesem Hintergrund stellt der Träger dem Kinderhaus jährlich ein Budget zur Verfügung. Das Unterbudget ist dem Teilbudget des Jugendamtes zugeordnet und umfasst außer den Personalkosten alle Einnahmen und Ausgaben des laufenden Betriebes des Kinderhauses. Die Verantwortung liegt bei der Kinderhausleitung. Vierteljährlich ist ein Budgetbericht an das Stadtjugendamt weiterzugeben, der einen Überblick über den aktuellen Stand des Budgets sowie eine Prognose für den Verlauf des Haushaltsjahres enthält.

QE-STRUK 13
Budgetführung

Folgende Anforderungen werden an die Führung des Budgets gestellt:

→ Vorausschauende Finanzplanung durch jährliche Schwerpunktsetzung

→ Sparsame Mittelverwendung durch Preisvergleiche

→ Sinnvoller Mitteleinsatz durch Flexibilität des Haushaltsvollzuges (gegenseitige Deckungsfähigkeit der einzelnen Haushaltsstellen sowie prozentuale Übertragbarkeit eingesparter Finanzmittel in das folgende Haushaltsjahr)

In Zusammenarbeit mit Förderverein und Elternbeirat des Kinderhauses werden durch regelmäßige Aktionen zusätzliche Mittel erwirtschaftet, die für besondere Anlässe oder Anschaffungen zur Verfügung stehen. Über die Verwendung der Mittel entscheiden Förderverein und Elternbeirat auf eigenen Vorschlag oder Vorschlag des Kinderhauses.

Abb. 57: Beispiel für das Ressourcenmanagement einer Kindertageseinrichtung

4.10.4 Anhang A – pädagogische Qualitätsstandards und Standards der Elternarbeit

Im Anhang A befinden sich die Beschreibungen der pädagogischen Prozesse und der dazugehörenden Elternarbeit. Die Standards werden im Team diskutiert und verschriftlicht. Mit der Unterschrift der Leiterin werden sie verbindlich. Prozessbeschreibungen können jederzeit verändert oder erweitert werden. Wichtig ist dabei, dass alle Beteiligten von der Änderung Kenntnis erhalten.

Anhang A – Inhalt

Pädagogische Qualitätsstandards

QS PÄD 1	pädagogischer Umgang mit Kindern
QS PÄD 2	Gestaltung des Gruppenlebens
QS PÄD 3	Selbstbildendes Freispiel
QS PÄD 4	Kleingruppenarbeit
QS PÄD 4a	offene Angebote
QS PÄD 4b	zielgruppenorientierte Kleingruppenarbeit
QS PÄD 5	Projektarbeit
QS PÄD 6	gruppenübergreifendes Arbeiten
QS PÄD 7	Feste und Feiern
QS PÄD 8	Raumgestaltung
QS PÄD 9	religiöse Erziehung
QS PÄD 10	Schulvorbereitung
QS PÄD 11	Schulische Begleitung
QS PÄD 11a	Hausaufgabenbetreuung
QS PÄD 11b	Übungseinheiten
QS PÄD 12	Freizeitgestaltung und Ferienbetreuung
QS PÄD 13	Integration
QS PÄD 14	Spezielle Förderung für unter 3-jährige
QS PÄD 15	Kinderkonferenz

Qualitätsstandards der Elternarbeit

QS EL 1	Umgang mit Eltern
QS EL 2	Tür- und Angelgespräch
QS EL 3	Anmeldegespräch
QS EL 4	Entwicklungsgespräch
QS EL 5	Abschlussgespräch
QS EL 6	Elternabend
QS EL 7	Umgang mit Beschwerden
QS EL 8	Hol- und Bringsituation – Interventionen

Abb. 58: Beispiel: Inhaltsverzeichnis Anhang A

4.10.5 Anhang B – strukturelle Qualitätsstandards

Anhang B – Inhalt

Strukturelle Qualitätsstandards

QS STRUK 1   Organigramm

QS STRUK 2   Gesamtteam

QS STRUK 3   Team

QS STRUK 4   Gruppenteam

QS STRUK 5   Planungsteam

QS STRUK 6   Leitung

QS STRUK 7   Stellv. Leitung

QS STRUK 8   Gruppenleitung

QS STRUK 9   Päd. Fachkraft

QS STRUK 10 Dokumentationssystem

QS STRUK 11 Fortbildung und Schulung

QS STRUK 12 Hygiene und Sicherheit

QS STRUK 13 Budgetführung

QS STRUK 14 Fallbesprechungen

QS STRUK 15 Aufnahmeverfahren

QS STRUK 16 Mitarbeitergespräch

QS STRUK 10 Dokumentationssystem

Abb. 59: Beispiel: Inhaltsverzeichnis Anhang B

Im Folgenden werden einige Beispiele für strukturelle Qualitätsstandards vorgestellt.

a) Gesamtteam

Der Qualitätsstandard „Gesamtteam" beschreibt die Zusammensetzung und Funktion dieser Arbeitsform.

Gesamtteam

Freigabe: n.n.   QS-STRUK 2
Datum: ....   Seite 1

Zusammensetzung:
Das Gesamtteam umfasst alle pädagogischen, hauswirtschaftlichen und sonstigen Mitarbeiter/-innen. Es kommt ca. 2 x pro Jahr zusammen.

Aufgabe:
1. Information aller Mitarbeiter/-innen über grundlegende Sachverhalte und Veränderungen, die das ganze Haus betreffen.
2. Verbesserungen der Zusammenarbeit im Haus
3. Stärkung der Motivation aller Mitarbeiter/-innen

Zuständigkeitsbereich und Entscheidungsbefugnisse:
Organisatorische Fragen, die alle Mitarbeiter/-innen des gesamten Hauses betreffen

Verantwortung:
Leitung

Moderation:
Leitung

Protokollführung:
Leitung

Mitgeltende Unterlagen:
DOKU 10

Abb. 60: Beispiel für den Qualitätsstandard „Gesamtteam"

b) Dokumentationssystem

Dieses Element beschreibt das gesamte Dokumentationssystem. Hier werden alle Formblätter und Arbeitsunterlagen in einen systematischen Bezug gesetzt. Dadurch wird deutlich, dass alle wesentlichen Prozesse ausreichend dokumentiert werden. Verantwortlichkeiten, Aufbewahrungsort und Aufbewahrungsdauer sind hier ebenfalls festgelegt.

	Dokumentationssystem				
Freigabe: n.n. Datum:				QS-STRUK 10 Seite 1	
NR	Name des Dokumentes	Aktuelle Aufbewahrung	Archivordner Büro	Aufbe- wah- rungs- dauer	Ver- ant- wort- lich
DOKU 1	Kinderbeobachtungsbogen	Kinderakte / Gruppe	„Ausgeschiedene Kinder"	3 Jahre	GL
DOKU 1a	Förderplan	Kinderakte / Gruppe	„Ausgeschiedene Kinder"	3 Jahre	GL
DOKU 2	Gesprächsprotokoll	Kinderakte / Gruppe	„Ausgeschiedene Kinder"	3 Jahre	GL
DOKU 3	Planungsbogen	Gruppenakte / Gruppe	Jahresordner „Planungsbögen"	2 Jahre	GL
DOKU 3 a	Gruppenkalender	Schreibtisch/ Gruppe	Jahresordner Gruppenakte	2 Jahre	GL
DOKU 4	Gruppensoziogramm	Gruppenakte / Gruppe	Jahresordner Gruppenakte	2 Jahre	GL
DOKU 5	Kleingruppenteilnahme	Gruppenakte / Gruppe	Jahresordner Gruppenakte	2 Jahre	GL
DOKU 6	Hausaufgabenübersicht	Gruppenakte / Gruppe	Jahresordner Gruppenakte	2 Jahre	GL
DOKU 7	Übungsübersicht	Gruppenakte / Gruppe	Jahresordner Gruppenakte	2 Jahre	GL
DOKU 8	Gruppenelternabend / Gesamtelternabend	Gruppenakte / Gruppe Haus- akte / Büro	Jahresordner Gruppenakte / Hausakte	2 Jahre	GL / L
DOKU 9	Tür- und Angelgespräche	Gruppenakte / Gruppe	Jahresordner Gruppenakte	2 Jahre	GL
DOKU 10	Gruppenteamprotokoll / Teamprotokoll	Gruppenakte / Gruppe „Team- protokolle" / Büro	Jahresordner Gruppenakte / Hausakte	2 Jahre	GL / L
DOKU 11	Planungsübersicht	Hausakte / Büro	Jahresordner Hausakte	3 Jahre	L
DOKU 12	Festgestaltung	Hausakte/Büro	Jahresordner Hausakte	3 Jahre	PV*
* Planungsverantwortliche					

Abb. 61: Ausschnitt aus dem Dokumentationssystem einer Kindertageseinrichtung

Dokumentationssystem

NR	Name des Dokumentes	Aktuelle Aufbewahrung	Archivordner Büro	Aufbe-wah-rungs-dauer	Ver-ant-wort-lich
DOKU 13	Turnen	„Turnen" / Personalraum	Jahresordner gruppenüber-greifende Projekte	3 Jahre	PV
DOKU 14	Musikwerkstatt	„Musik-werkstatt" / Personalraum	Jahresordner gruppenüber-greifende Projekte	3 Jahre	PV
DOKU 15	Werkstatt	„Werkstatt" / Personalraum	Jahresordner gruppenüber-greifende Projekte	3 Jahre	PV
DOKU 16	Gruppenübergreifende Projekte	Hausakte / Büro	Jahresordner gruppenüber-greifende Projekte	3 Jahre	L
DOKU 17	Anfragen	„Qualitäts-sicherung" / Büro	Jahresordner Qualitäts-sicherung	2 Jahre	L
DOKU 18	Anmeldebogen	Gruppenakte / Büro	„Ausgeschiedene Kinder"	3 Jahre	GL
DOKU 19	Einzugsermächtigung	Gruppenakte / Büro	„Ausgeschiedene Kinder"	3 Jahre	GL
DOKU 20	Ärztliches Attest	Gruppenakte / Büro	„Ausgeschiedene Kinder"	3 Jahre	GL
DOKU 21	Vormerkbogen	Gruppenakte / Büro	„Ausgeschiedene Kinder"	3 Jahre	L
DOKU 22	Änderungswunsch	Gruppenakte / Büro	„Ausgeschiedene Kinder"	3 Jahre	L
DOKU 23	Gebührenbescheid	Gruppenakte / Büro	„Ausgeschiedene Kinder"	3 Jahre	L
DOKU 24	Einverständniserklärung / Abholung	Gruppenakte / Büro	„Ausgeschiedene Kinder"	3 Jahre	GL

Abb. 61a: Ausschnitt aus dem Dokumentationssystem einer Kindertageseinrichtung

	Dokumentationssystem				
Freigabe: n.n.					QS-STRUK 10
Datum:					Seite 3

NR	Name des Dokumentes	Aktuelle Aufbewahrung	Archivordner Büro	Aufbe-wah-rungs-dauer	Ver-ant-wort-lich
DOKU 25	Einverständniserklärung Kinder	Gruppenakte / Büro	„Ausgeschiedene Kinder"	3 Jahre	GL
DOKU 26	Einverständniserklärung Lehrergespräche	Gruppenakte / Büro	„Ausgeschiedene Kinder"		GL
DOKU 27	Anwesenheitsliste	Gruppenakte / Gruppe	„Ausgeschiedene Kinder"	3 Jahre	GL
DOKU 28	Stoffsammlung Elternabend	Gruppenakte / Gruppe	Jahresordner Gruppenakte	3 Jahre	GL
DOKU 29	Anwesenheitsliste Eltern-Kind-Gruppe	Eltern-Kind-Gruppe / EK-Verantwort-liche	Gemeinwesen-bereich	2 Jahre	EKV*
DOKU 30	Teilnehmerliste Eltern-Kind-Gruppe	Eltern-Kind-Gruppe / EKV	Gemeinwesen-bereich	2 Jahre	EKV
DOKU 31	Protokoll Eltern-Kind-Gruppe	Eltern-Kind-Gruppe / EKV	Gemeinwesen-bereich	2 Jahre	EKV
DOKU 32	Mitarbeitergespräch	Personalakte / Büro	Personalakte – Ablage	5 Jahre	L
DOKU 33	Auswertung Elterngespräche	„Qualitäts-sicherung" / Büro	Jahresordner Qualitäts-sicherung	5 Jahre	GL
DOKU 34	Auswertung Gruppenwechsel	„Qualitäts-sicherung" / Büro	Jahresordner Qualitäts-sicherung	5 Jahre	L
DOKU 35	Checkliste Raumgestaltung	„Qualitäts-sicherung" / Büro	Jahresordner Qualitätssiche-rung	5 Jahre	GL
DOKU 36	Fortbildungsübersicht	Personalakte / Büro	Personalakte – Ablage	5 Jahre	L

* Eltern-Kind-Gruppen-Verantwortliche
Alle Dokumente sind mit der dazugehörigen Dokumentennummer und dem Datum der Freigabe versehen.

Abb. 61b: Ausschnitt aus dem Dokumentationssystem einer Kindertageseinrichtung

c) Fortbildung und Schulung

In diesem Bereich wird dargestellt, wie sich der konkrete Fortbildungs- und Schulungsbedarf systematisch ermitteln lässt. Die verschiedenen Formen der Fortbildung und Personalentwicklung werden beschrieben und die Umsetzung wird festgelegt.

d) Sicherheit und Hygiene

In dieser Abteilung wird dargelegt, durch welche Maßnahmen die grundlegenden hygienischen und sicherheitstechnischen Standards gewährleistet werden.

Fortbildung und Schulung

Freigabe: n.n.   QS-STRUK 11

Datum: ....   Seite 1

Begriffsdefinition

Unter Fortbildung und Schulung werden alle Maßnahmen der Weiterbildung und Personalentwicklung im Kinderhaus verstanden. Diese Maßnahmen können sich auf die einzelne Mitarbeiter/-in, eine Teilgruppe oder das gesamte Team beziehen.

Theoretischer Hintergrund

Die Qualität der gesamten pädagogischen Arbeit einer Kindertageseinrichtung hängt entscheidend von der Qualifikation der Mitarbeiter/-innen ab. Fachwissen, Organisationsvermögen, Zuverlässigkeit und Motivation sind hier gleichermaßen von Bedeutung. Aus diesem Grund ist eine regelmäßige und umfassende Schulung und Personalentwicklung notwendig.

Unsere gemeinsamen Ziele

• Alle Mitarbeiter/-innen verfügen über eine solide Basis an Fachwissen und erweitern diese regelmäßig
• Alle Mitarbeiter/-innen sind über aktuelle Entwicklungen der Pädagogik informiert
• Alle Mitarbeiter/-innen verfügen über eine Vielzahl an pädagogischen Methoden und wenden diese situationsadäquat an
• Alle Mitarbeiter/-innen verfügen über einen fachlichen Umgang mit Eltern und über
• Organisationskompetenz in der Zusammenarbeit mit Eltern, anderen Einrichtungen und externen Diensten

Voraussetzungen und Durchführung

• Jährliche Ermittlung des individuellen Schulungsbedarfes im Rahmen der Mitarbeitergespräche
• Regelmäßige Team-Praxisberatung
• Themenbezogene Teamfortbildungen mit externen Referenten
• Externe Fortbildungen
• Fallbesprechungen
• Regelmäßiger Austausch mit anderen Einrichtungen, insbesondere Kinderhäusern, Exkursionen
• Regelmäßige Teilnahme an Arbeitskreisen

Aufgabe der Erzieherin / pädagogische Werthaltung

• Reflektionsfähigkeit
• Interesse an der Erweiterung des persönlichen Fachwissens
• Aufgeschlossenheit für innovative Ideen
• Bereitschaft, neue Methoden zu erproben

Mitgeltende Unterlagen:
DOKU 36

Abb. 62: Beispiel: Qualitätsstandard „Fortbildung und Schulung"

Sicherheit und Hygiene

Freigabe: n.n.

Datum: ....

QS-STRUK 12

Seite 1

Begriffsdefinition

Unter Hygiene und Sicherheit werden alle Maßnahmen im Kinderhaus verstanden, die dazu dienen, Ansteckungs- und Unfallgefahren zu vermeiden.

Theoretischer Hintergrund / Erwartungen

Insbesondere Eltern erwarten, dass ihre Kinder im Kinderhaus weitgehend sicher sind und dass Sicherheit und Hygiene gewährleistet sind.

Unsere gemeinsamen Ziele

• Das Kinderhaus ist eine sichere Umgebung für Kinder und gewährt den Kindern dadurch Freiräume.

• Sauberkeit und Hygiene gewährleisten ein minimales Ansteckungsrisiko.

Voraussetzungen und Durchführung

• Die Einhaltung der einschlägigen sicherheitstechnischen Vorschriften des Gemeinde-unfallverbandes wird insbesondere durch die kontinuierliche Betreuung des Kinderhauses durch den Sicherheitsingenieur der Stadt ... gewährleistet.

• Darüber hinaus werden erkannte Unfallgefahren umgehend beseitigt.

• Insbesondere für die Pflege der Kleinstkinder und der behinderten Kinder sind spezielle Hygienevorschriften vorhanden.

• Tägliche Reinigung der Gruppenräume mit fachgerechten Reinigungsmitteln.

• Einhaltung des Hygieneplans insbesondere im Küchenbereich sowie der einschlägigen Vorschriften (HACCP) und Dokumentation der Hygienemaßnahmen im Küchenbereich.

Aufgaben

• Aufgabe aller Mitarbeiter/-innen ist es, auf Sicherheit und Hygiene zu achten. Besondere Aufgabengebiete bestehen für folgende Mitarbeiter/-innen:

• Kinderkrankenschwester: Aufstellung und Überprüfung von Hygienemaßnahmen bei der Pflege der Kleinstkinder und behinderter Kinder

• Hauswirtschaftsleiterin: Einhaltung des Hygieneplans und Dokumentation der Hygienemaßnahmen im Küchenbereich

• Hausmeister: Reinigung der Räumlichkeiten

Abb. 63: Beispiel: Qualitätsstandard „Hygiene und Sicherheit"

4.10.6 Anhang C – Evaluationsverfahren

Anhang C beschreibt die verschiedenen regelmäßig verwendeten Evaluationsverfahren. Für die einzelnen Verfahren ist jeweils genau geregelt, wann und wie der Evaluationsprozess durchgeführt werden muss.

Anhang C – Inhalt

Evaluationsverfahren

QS EVA 1	Evaluationssystem
QS EVA 2	Selbstbewertung
QS EVA 3	Teamreflexion
QS EVA 4	kollegiale Beobachtung
QS EVA 5	Expertenbeobachtung
QS EVA 6	internes Audit
QS EVA 7	Elternbefragung / Auswertung der Elterngespräche
QS EVA 8	Kinderkonferenz / Auswertung der Dokumentation
QS EVA 9	Mitarbeiterinnenbefragung / Auswertung der Mitarbeitergespräche
QS EVA 10	Trägerbefragung

Abb. 64: Beispiel: Inhaltsverzeichnis Anhang C (Evaluationsverfahren)

Ergebnisse „Gruppenwechsel"   Gruppe: .... Datum: ....

1. Erzieherinnen-Kind-Beziehung
   (siehe dazu: QS PÄD 1, insbesondere Aufgaben der Erzieherin)

2. Gruppenleben
   (siehe dazu QS PÄD 2)

3. Freispiel
   (siehe dazu QS PÄD 3)

4. Aktivitäten
   (Welche Angebote werden von den Erzieherinnen gemacht? Wie abwechslungsreich, interessant, anschaulich etc. werden die einzelnen Aktivitäten aufbereitet? Siehe dazu QS PÄD 4, QS PÄD 4a, QS PÄD 4b)

5. Raumgestaltung
   (Suchen Sie nach besonders gelungenen Raumlösungen. Überlegen Sie sich, was Sie ändern würden. Machen Sie evtl. anhand des Einrichtungshandbuches Verbesserungsvorschläge; siehe dazu QS PÄD 8)

6. Kontakt zu den Eltern
   (Beobachten Sie die Durchführung der Tür- und Angelgespräche, siehe dazu QS EL 2)

7. Gesamtklima in der Gruppe
   (Versuchen Sie, das Klima zu beschreiben und Zusammenhänge zwischen dem Verhalten der Erzieherinnen und dem der Kinder aufzuzeigen.)

8. Arbeit im Gruppenteam
   (Versuchen Sie, den Arbeitsstil und das Arbeitsklima zu beschreiben. Fragen Sie sich: Würde ich gerne in diesem Gruppenteam arbeiten? Warum?)

9. Persönlicher Eindruck von den jeweiligen Mitarbeiter/-innen
   (Wie wirkt die jeweilige Kollegin auf Sie? Was würden Sie ihr gerne sagen?)

Abb. 65: Beispiel für kollegiale Beobachtung

4.10.7 Anhang D – Dokumentvorlagen

Anhang D enthält die jeweils aktuelle Fassung aller angewandten Dokumentvorlagen. Eine Gliederung entsprechend des in Kapitel 4.6 (dort befinden sich auch Dokumentvorlagen) beschriebenen Dokumentationssystems bietet sich hier an.

	Anhang D – Inhalt
	Dokumentvorlagen 1. Formulare der Kinderakte 2. Formulare der Gruppenakte 3. Formulare der Teamakte 4. Formulare der Personalakte 5. Formulare der Finanzakte

Abb. 66: Beispiel: Inhaltsverzeichnis Anhang D (Dokumentvorlagen)

4.10.8 Zertifizierung – ja oder nein?

Einrichtungen, die über ein Qualitätsmanagement verfügen, sind grundsätzlich zertifizierbar. Damit besteht die Möglichkeit, ein international anerkanntes, branchenunabhängiges Prüfsiegel zu erhalten. Allerdings haben bisher nur wenige Kindertageseinrichtungen von dieser Möglichkeit Gebrauch gemacht. Folgende Gründe sprechen für und wider eine Zertifizierung:

Vorteile	Nachteile
☐ Vertrauensbasis entsteht	☐ Hohe Zertifizierungskosten
☐ Wettbewerbsvorteile	☐ Einengende Verfahrenskonformität
☐ Unabhängiges Urteil	☐ Zertifikat täuscht Sicherheit vor

Auf der einen Seite ermöglicht die Zertifizierung eine Steigerung der Professionalität der Leistungen einer Kindertageseinrichtung. Stichprobenartig werden Abläufe beobachtet, dabei wird überprüft, ob die Prozesse entsprechend der jeweiligen Qualitätsstandards durchgeführt werden. Zudem wird die Übereinstimmung des gesamten Systems mit den Anforderungen der Norm festgestellt. Ein solches Audit kann die Funktion eines Check-up der gesamten Einrichtung übernehmen und führt zu einer Festigung des jeweiligen Qualitätsniveaus.

Auf der anderen Seite gilt es allerdings zu bedenken, dass die Normen in erster Linie dazu dienen, Kundenzufriedenheit durch die Verhütung von Fehlern in allen Phasen des Prozesses zu erreichen. Das Prüfsiegel bescheinigt deshalb letztendlich „nur", dass die Einrichtung ein Qualitätsmanagementsystem nach den entsprechenden Normforderungen implementiert hat und dieses umsetzt. Aussagen über die fachliche Qualität können aus einem solchen Verfahren nicht abgeleitet werden. Außerdem ist die Gültigkeit des Zertifikates auf zwei bis drei Jahre beschränkt, die Einrichtung muss sich dann erneut überprüfen lassen.

5 Damit es auf Dauer funktioniert: Die Anforderungen an die Interessenpartner bei der Umsetzung des KitaManagementKonzepts

Mit der Einführung eines Qualitätsmanagementsystems begibt sich eine Einrichtung auf einen Weg der kontinuierlichen Veränderung und Weiterentwicklung.

Unzulänglichkeiten können systematisch erfasst, mögliche Verbesserungen können erarbeitet und umgesetzt werden. Dies stellt neue Aufgaben nicht nur an das Team und den Träger einer Einrichtung, auch Eltern und Kinder sind jetzt gefordert. Innovatives Denken, kreativer Umgang mit Problemen und Flexibilität gewinnen an Bedeutung.

Also muss man in der Einrichtung ein Klima zu schaffen, das innovatives Denken fördert, in dem neue Ideen ausprobiert und umgesetzt werden können, ohne dass Planlosigkeit entsteht. Damit dies gelingt, müssen die Aufgabenbereiche und Anforderungen an alle Beteiligten neu formuliert werden.

a) Die Leiterin: verantwortlich für Führung und Management

Die Aufgaben der Leiterin in einer sich ständig weiterentwickelnden Einrichtung sind sehr anspruchsvoll. Sie lassen sich in Führungs- und Managementaufgaben untergliedern.

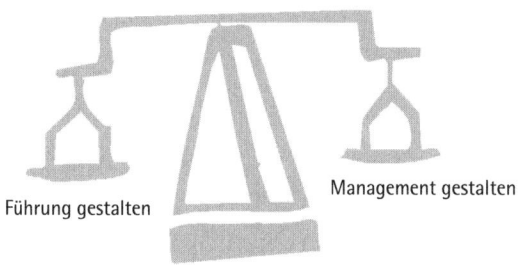

Führung gestalten   Management gestalten

Abb. 67: Führungs- und Managementaufgaben

Führung bezeichnet den Teil der Leitungsaufgabe, der sich darauf bezieht, Ziele zu definieren und das Team für die Bewältigung zukünftiger Herausforderungen zu motivieren. Management beinhaltet den Auftrag, Strukturen zu schaffen, Aufgaben sinnvoll zu verteilen, Entscheidungsbefugnisse zu delegieren, den Informationsfluss zu sichern und alle Mitarbeiterinnen optimal zu fördern. Steht bei der Führung die Persönlichkeit der Leitung im Vordergrund, so tritt sie beim „Management" eher in den Hintergrund und konzentriert sich darauf, die Ressourcen des Teams und der einzelnen Mitarbeiterinnen optimal zur Geltung zu bringen.

Die Führungsaufgaben:

Führung gestalten

- ☐ Visionen fördern
- ☐ Kurzfristige Erfolge schaffen
- ☐ Kritische Distanz wahren und Diskussionen anregen
- ☐ Mit Widerständen umgehen
- ☐ Notwendige Entscheidungen umgehend treffen
- ☐ Situationsorientiert führen

211

Visionen fördern

Ein kontinuierlicher Verbesserungsprozess und die damit verbundenen Anforderungen an Ideenreichtum und Flexibilität der Mitarbeiterinnen erfordern die Fähigkeit der Leitung, ein gemeinsames Bild von der Zukunft der Einrichtung und einen gemeinsamen Sinnzusammenhang herzustellen, mit dem sich die Mitarbeiterinnen identifizieren können. Solche Visionen können nicht von oben verordnet werden, jede Mitarbeiterin sollte die Gelegenheit haben, sich aktiv zu beteiligen. Der Leiterin kommt hier vor allem die Aufgabe zu, die Diskussion anzustoßen und Übereinstimmungen im Team zu erkennen. Wenn die gemeinsame Vision individuelle Interessen und Fähigkeiten berücksichtigt und den Mitarbeiterinnen zugleich die Möglichkeit der „Selbstverwirklichung" bietet, bildet sie für das gesamte Team eine Quelle, aus der immer neue Ideen sowie Durchhaltevermögen bei längerfristigen Veränderungsprozessen und Misserfolgen geschöpft werden können.

Kurzfristige Erfolge schaffen

Weiterentwicklungsprozesse in Kindertageseinrichtungen sind oft langwierig. Damit die Motivation der Beteiligten nicht nachlässt, ist es wichtig, auch kurzfristige Erfolgsergebnisse herzustellen. Diese liefern den Beweis dafür, dass sich der Aufwand lohnt.

Kritische Distanz wahren und Diskussionen anregen

Aufgabe der Leitung als Letztverantwortliche für die Arbeit der Einrichtung ist es auch, den fortlaufenden Entwicklungsprozess der Einrichtung aus einer kritischen Distanz zu beobachten. Hierzu gehört insbesondere die Aufgeschlossenheit für Informationen jeglicher Art über die Arbeit der Einrichtung und Einschätzungen von Außenstehenden. Die Fähigkeit, verschiedene Perspektiven (Eltern, Kinder, Träger, Mitarbeiterin) einzunehmen und daraus Informationen zu beziehen, ist unverzichtbar. Neue Perspektiven können hier insbesondere die Fachberatung oder ein externer Berater eröffnen.

Auch kleine Unzufriedenheiten und Unzulänglichkeiten sind Indizien für Verbesserungsmöglichkeiten und sollten deshalb registriert

werden. Ein fortlaufendes neutrales Zur-Diskussion-Stellen von Themen hält den Veränderungsprozess in Gang und fördert auch die Fähigkeit des Teams, die eigene Arbeit immer wieder kritisch zu betrachten, ohne dass daraus Schuldzuweisungen entstehen.

Die Wahrung einer kritischen Distanz und die Fähigkeit zur Selbstreflexion sind natürlich auch für den eigenen Arbeitsbereich der Leitung
wichtig. Informationen über den eigenen Arbeitsstil können systematisch aus Mitarbeiterbefragungen oder im Rahmen von Mitarbeitergesprächen gewonnen werden. Auch die selbstkritische Betrachtung
von Alltagssituationen kann hier hilfreich sein.

Mit Widerständen umgehen

Widerstand gegen Veränderungen ist etwas ganz Normales und All-
tägliches. Immer bestehen bei einem Teil der Mitarbeiterinnen Bedenken und Befürchtungen gegenüber Veränderungen. Wird der Widerstand nicht beachtet, so kann dies zu Blockaden führen: verstärkter
Druck führt zu verstärktem Gegendruck. Damit dies nicht geschieht,
gilt es, die Bedenken der Mitarbeiterinnen ernst zu nehmen und sinnvoll zu kanalisieren.

DREI VORGEHENSWEISEN ZUM UMGANG MIT WIDERSTAND

- ☐ Dem Widerstand Raum geben
- ☐ In Dialog treten und Ursachen erforschen
- ☐ Vorgehensweise gemeinsam festlegen

Häufig ist es die Ungeduld der Leiterin selbst, die den Widerstand
hervorruft. Sie vergisst leicht, wie lange sie selbst gebraucht hat, bis
sie sich zu einer Veränderung durchgerungen hat.

Notwendige Entscheidungen umgehend treffen

Unvorhergesehene Situationen erfordern oftmals eine schnelle Entscheidung. Insbesondere beim Neuaufbau einer Einrichtung oder bei

einer grundlegenden Neukonzeption treten Fragen auf, die noch nicht mit dem Team diskutiert wurden und dennoch eine zügige Beantwortung verlangen. Ähnlich kann in Teamsitzungen oder bei Diskussionen ein Eingreifen der Leiterin erforderlich werden. Sie sollte aber immer abwägen, wie dringlich eine solche direkte Intervention ist. Generell ist es in jeder Art von Krisensituation wichtig, dass die Leiterin eine Entscheidung trifft. Sie sollte sie dann gegebenenfalls nachträglich zur Diskussion stellen – und eine Teamentscheidung für künftige ähnliche Situationen im Nachhinein herbeiführen.

Situationsorientiert führen

Beim Neuaufbau einer Einrichtung oder bei der Neuformierung sind Führungsentscheidungen häufiger notwendig als bei einem gut eingearbeiteten Team. Die Aufgabe der Leiterin ist es deshalb, die Entwicklung des Teams und seiner einzelnen Mitglieder laufend zu verfolgen und ihren Führungsstil darauf abzustimmen.

Besondere Ereignisse, wie Änderungen der konzeptionellen Ausrichtung oder Personalwechsel können auch ein eingespieltes Team zurückwerfen und zeitweise wieder mehr Führungsinitiative von der Leiterin erfordern. Sie muss das Team beständig im Auge behalten und ihren Führungsstil jeweils auf die aktuelle Lage abstimmen.

Die Managementaufgaben

Im Rahmen ihrer Managementfunktion muss die Leiterin insbesondere folgende Aufgaben wahrnehmen:

DREI MANAGEMENTAUFGABEN

- ☐ Schaffung einer Atmosphäre im Team, die neue Ideen nicht nur zulässt, sondern auch zu neuen Ideen inspiriert
- ☐ Schaffung von Weiterentwicklungsmöglichkeiten für das gesamte Team und die einzelnen Mitarbeiter durch kontinuierliche Erweiterung des Fachwissens und flexible Aufgabenverteilung

☐ Schaffung der Voraussetzungen für erfolgreiches Umsetzen neuer Ideen durch „Systempflege" und die fortlaufende Anpassung der Organisationsstrukturen an die Veränderungen

b) Das Team: Forum für Innovation und Integration

Damit ein Team die gegenwärtig und zukünftig gestellten Aufgaben bewältigen kann, braucht es ein Grundverständnis als „lernende Organisation".

DIE KINDERTAGESEINRICHTUNG ALS „LERNENDE ORGANISATION"

☐ Alle Beteiligten akzeptieren den Prozess der fortlaufenden Veränderung und des Hinzulernens als zu ihrer Aufgabe gehörig und bewerten dies positiv.

☐ Kritische Entwicklungen oder Probleme werden frühzeitig erkannt. Die Dynamik der Entwicklung wird analysiert, verschiedene Faktoren werden einbezogen und es besteht eine ganzheitliche Problemsicht.

☐ Probleme und Schwierigkeiten werden nicht als Unzulänglichkeiten des Teams oder einzelner Personen, sondern als Indiz für Verbesserungsmöglichkeiten gesehen.

Wenn die Mitarbeiterinnen dieses Grundverständnis mitbringen, werden sie sich ganz automatisch aktiv an den Teamsitzungen beteiligen. Der Austausch von Meinungen im Dialog und die Diskussion unterschiedlicher Standpunkte werden dann von den Teammitgliedern als wichtiges Arbeitsinstrument akzeptiert und zur Entwicklung neuer Erkenntnisse genutzt. Meinungsunterschiede sind keine Bedrohung mehr, sondern dienen dazu, den Dingen weiter auf den Grund zu gehen.

Dazu sind gewisse Grundregeln, die Offenheit und gegenseitiges Vertrauen im Umgang miteinander fördern, erforderlich. Diese Regeln sollten für alle Teammitglieder transparent sein und jeder sollte sich ihnen verpflichtet fühlen. Eine bewusste Diskussion über die „Kultur" im Team, über eine gemeinsame Entscheidung und über die Dokumentation der wesentlichen Eckpunkte der „Teamkultur" fördert die Transparenz und Verbindlichkeit.

ELEMENTE DER TEAMKULTUR

☐ Respektvoller Umgang miteinander: Kritik wird offen geäußert, es wird jedoch auf eine angemessene Form geachtet.

☐ Kollegialität: Teammitglieder unterstützen sich gegenseitig, es besteht gegenseitige Loyalität (z. B. keine Schuldzuweisungen an andere Kolleginnen gegenüber Eltern oder Kindern) und ein Gefühl der Zusammengehörigkeit.

☐ Offenheit: jeder arbeitet prinzipiell mit jedem zusammen, die Zusammenstellung von Arbeitsgruppen erfolgt nicht nach Sympathie; jede Mitarbeiterin ist als Kollegin akzeptiert.

Die Teamkultur beeinflusst wesentlich die Ausrichtung des Teams, dient der Schaffung von Freiräumen für neue Ideen und koordiniert zugleich. Ein Team mit vielen kreativen Mitarbeiterinnen, die sich jedoch nicht aufeinander einstellen können und keine gemeinsame Basis finden, leidet unter Orientierungslosigkeit. Instabile Strukturen und unverbindliche Regeln führen dazu, dass Teammitglieder oft unbeabsichtigt gegeneinander arbeiten oder durch Doppelarbeit Energie verschwenden und im Allgemeinen wenig erfolgreich sind. Teams mit zu starren Regelungen gewähren den einzelnen Personen wenig Freiräume, kreative Ideen kommen nicht mehr zum Zuge, einmal aufgestellte Regeln sind starr und unveränderbar. Ideal wäre ein Mittelweg: ein Team einigt sich auf ein gemeinsames Ziel, jeder trägt seine Ideen dazu bei und das Team ergänzt sich. Der Umgang mit Regeln ist verbindlich, jedoch können die Regeln gemeinsam verändert werden, wenn sie nicht mehr angemessen sind.

Verfügt ein Team über angemessene Werte, kann sich das für Experimentierfreudigkeit und Risikobereitschaft unbedingt notwendige „Arbeitsvertrauen" entwickeln:

Ohne Vertrauen sind nur sehr einfache, auf der Stelle abzuwickelnde Formen menschlicher Kooperation möglich ... Vertrauen ist unentbehrlich, um das Handlungspotential eines sozialen Systems über diese elementaren Formen hinaus zu steigern ... – ,Vertrauen ist gut, Kontrolle ist besser' – diese weitverbreitete Weisheit ist mit größter Vorsicht zu genießen. Wer danach handelt, ist von vornherein nicht mehr in der Lage, vertrauensvolle Arbeitsbeziehungen aufzubauen. Dies schlägt früher oder später auf die Wirtschaftlichkeit. Denn es gibt nichts Effizienteres als auf Offenheit und Vertrauen beruhende Zusammenarbeit. (Lauterburg 1995, S. 123)

c) Die einzelne Mitarbeiterin: kompetent und verantwortungsbewusst

Mit der veränderten Aufgabenstellung an das Team entstehen auch andere Anforderungen an die einzelnen Mitarbeiterinnen. Der ständige Veränderungsprozess erfordert die Fähigkeit, sich fortlaufend persönlich und fachlich weiterzuentwickeln, und die Bereitschaft, neue Aufgaben innerhalb der Einrichtung zu übernehmen, beispielsweise wenn sich eine Einrichtung entschließt, andere Altersgruppen aufzunehmen oder Betreuung für behinderte Kinder anzubieten. Nur wenn diese Voraussetzungen vorliegen, sind die Mitarbeiterinnen in der Lage, Verantwortung zu übernehmen, z. B. als Gruppenleitung oder im Gruppendienst. Vor Ort gilt es, Probleme im eigenen Arbeitsbereich zu erkennen und Lösungen zu erarbeiten. Die bisherige Erwartung an die Leiterin: „Wenn wir Probleme haben, wird sie es schon merken (oder hoffentlich nicht) und uns darauf aufmerksam machen!" verändert sich nun zu der Erwartung der Leiterin: „Wenn sie ein Problem haben, werden sie mich informieren!"

d) Der Träger: verantwortlich für die Globalsteuerung

Auch die Rolle des Trägers verändert sich, wenn die Einrichtung flexibel und veränderungsbereit auf neue Anforderungen reagieren soll. Ganz im Sinne der vielerorts bereits eingeführten „Neuen Steuerungsmodelle" kann ein Träger von seinen Einrichtungen nur dann Flexibilität und Engagement erwarten, wenn er selbst klare Vorgaben macht. Vom Träger sollte insbesondere definiert werden:
- das Niveau der zu erbringenden Dienstleistung
- die übergreifenden Ziele der Einrichtung
- die zur Verfolgung der Qualitätsziele einzuschlagende Vorgehensweise
- die Rolle der Leitung als der für die Verwirklichung der Qualitätspolitik verantwortlichen Person

Auf weitergehende inhaltliche Vorgaben sollte verzichtet werden, um den Mitarbeiterinnen vor Ort die Feinabstimmung der Konzeption auf die Situation ihrer Einrichtung zu überlassen. Auf diese Weise kann auf veränderte Bedürfnisse flexibel und adäquat reagiert werden.

e) Die Eltern und Kinder: nicht (passive) Kunden, sondern (aktive) Beteiligte

Auch wenn Eltern und Kinder unbestreitbar die Adressaten sind, an denen sich die Kindertageseinrichtung ausrichten muss, so würde es zu kurz greifen, sie nur als Kunden zu sehen. Natürlich haben Eltern und Kinder ein Recht darauf, sich über die Angebote und Leistungen einer Einrichtung kundig zu machen. Sie haben aber auch das Recht und die Pflicht, sich an der Umsetzung und Weiterentwicklung der Einrichtungsziele und -aufgaben zu beteiligen. Eltern sollten deshalb am Einrichtungsleben nicht nur da beteiligt werden, wo es darum geht, Teilaufgaben zu übernehmen (Mitgestaltung eines Festes, Unterstützung bei Personentransporten etc.), sondern auch dort, wo es um Entscheidungen bezüglich der Zukunft der Einrichtung geht. Dies muss in einer entsprechenden Weise vorbereitet werden, aber es spricht nichts dagegen, Eltern etwa an Entscheidungen über die Öffnungszeiten, die Auswahl der pädagogischen Angebote (z. B. Nachmittagskurse, besondere Fördermaßnahmen etc.) oder eine bestimmte Profilbildung (z. B. Einführung einer Integrationsgruppe) teilhaben zu lassen. Kinder könnten und sollten bei der Raumgestaltung, der Organisation des Tagesablaufes, der Klärung von Verantwortlichkeiten in der Gruppe etc. mitreden können. Die Beteiligung der Eltern und Kinder an solchen Meinungsbildungs- und Entscheidungsprozessen erhöht letztendlich die Identifikation mit der Einrichtung.

Dies setzt voraus, dass sich Eltern grundlegend mit einer Kindertageseinrichtung solidarisch fühlen, dass sie die Grundausrichtung der Einrichtung akzeptieren und mitzutragen bereit sind. Hier gilt es insbesondere bei Aufnahmegesprächen und Einführungsabenden, auf das spezifische Profil der Einrichtung hinzuweisen und den Eltern klar zu machen, dass es für die Einrichtung schädlich wäre, wenn Eltern diese gemeinsame Plattform nicht akzeptieren können oder wollen und entsprechenden Mitwirkungspflichten (rechtzeitiges Abholen der Kinder, angemessener Umgang mit dem Personal etc.) nicht nachkommen. Die Formulierung von gemeinsamen Grundprinzipien kann hier hilfreich sein.

f) Externe Beraterinnen: als Fremdbeobachterinnen unverzichtbar

Die vielfältigen Organisations- und Weiterentwicklungsaufgaben verlangen von allen Beteiligten ein Höchstmaß an Einsatzbereitschaft und Fachlichkeit. Doch trotz aller Offenheit und Bereitschaft, die eigenen Stärken weiterzuentwickeln und die Schwachstellen zu beheben, bleibt ein Problem: Man kann nur das verändern, was man wahrnimmt. Die eigene Sichtweise bleibt immer begrenzt und auf andere, ergänzende Perspektiven angewiesen. Eine solche kann (ganz unsystematisch) von jedem Fremden eingebracht werden, der die Einrichtung besucht und betrachtet. Hierfür eignen sich insbesondere die Eltern, die Kolleginnen aus anderen Einrichtungen oder Besuchergruppen aus den Fachschulen. Im Gespräch mit diesen können sich neue Aspekte und Anstöße für eine Weiterentwicklung der Einrichtung ergeben.

Gute Einrichtungen sollten aber darüber hinaus nicht auf einen regelmäßigen Austausch mit externen Fachberaterinnen verzichten. Diese können die Aufgabe übernehmen, den Beteiligten neue Sichtweisen und Handlungsmöglichkeiten anzubieten. Dies kann auf zweifache Weise geschehen:

1. durch (teilnehmende) Beobachtung, auf deren Grundlage dem Team, der Leiterin, dem Träger ein Feedback gegeben wird, mit dem sich die Beteiligten auseinandersetzen können;

2. durch neue Informationen und Erkenntnisse über Entwicklungen in Wissenschaft und Praxis, die den Beteiligten Anregungen geben, ihre Situation erneut zu analysieren.

Ist in einer Einrichtung ein Qualitätsmanagementsystem vorhanden, so kann ein Auditor damit beauftragt werden, das gesamte System zu überprüfen.

Zum einen wird die Normenkonformität überprüft, d. h. die Übereinstimmung des Qualitätsmanagementsystems mit den einschlägigen Forderungen der DIN EN ISO 9000 ff. Zum anderen wird festgestellt, ob das System den Anforderungen, die an die Einrichtung gestellt werden, gerecht wird.

Ein regelmäßiger Austausch mit externen Beobachtern stellt sicher, dass die Einrichtung den Anschluss sowohl an Veränderungen in ihrer konkreten Umwelt als auch an fachliche Weiterentwicklung nicht verliert. Der Handlungsspielraum von Leiterin und Team wird auf diese Weise erweitert; die Einrichtung kann über ihre eigenen Belange selbst entscheiden.

Literaturverzeichnis

Beck, U. (1986): Risikogesellschaft. Auf dem Weg in eine andere Moderne. Frankfurt/M.

Colibri (1999): QM-Elementar. Qualitätsmanagement in Kindertageseinrichtungen. Denzlingen.

Correll, W. (Hrsg. 1970): Lernen und Lehren im Vorschulalter. Donauwörth.

DIN EN ISO 9000 ff in: Qualitätsmanagement und Statistik. Verfahren 3: Qualitätsmanagementsysteme. Normen. Hrsg. vom deutschen Institut für Normung e.V. Berlin, Wien, Zürich.

Erath, P. (1992): Abschied von der Kinderkrippe. Plädoyer für altersgemischte Gruppen in Tageseinrichtungen für Kinder. Freiburg/Br.

Flitner, A. (1982): Konrad sprach die Frau Mama ... Über Erziehung und Nicht-Erziehung. München, Zürich.

Giesecke, H. (1985): Das Ende der Erziehung. Neue Chancen für Familie und Schule. Stuttgart.

Glaap, W. (1996): ISO 9000 leichtgemacht. Praktische Hinweise und Hilfen zur Entwicklung und Einführung von QM-Systemen. 2. Aufl. München; Wien.

Irskens, B., Preissing, C. (o. J.): Damit wir wissen, was wir tun! Methoden zur Erstellung eines pädagogischen Konzeptes im Team. Eigenverlag des Deutschen Vereins für öffentliche und private Fürsorge. Frankfurt/M.

Krenz, Armin (1996): Die Konzeption – Grundlage und Visitenkarte einer Kindertagesstätte. Hilfen zur Erstellung und Überarbeitung von Einrichtungskonzeptionen. Freiburg, Basel, Wien.

Kronberger Kreis (1998): Kronberger Qualitätsentwicklung. Ein Konzept zur dialogischen Qualitätsförderung in Tageseinrichtungen für Kinder. Unveröff. Manuskript.

Lauterburg, Christof (1995): Change Management, Frankfurt.

NAEYC (1991): Accreditation Criteria & Procedures of the National Academy of Early Childhood Programs. Washington.

Nohl, H. (1933): Die pädagogische Bewegung in Deutschland und ihre Theorie. Frankfurt.

Rückriem, N. (1988): Liebe ist lernbar. Miteinander leben lernen in Familie und Schule. Greven.

Tietze, W. (Hrsg. 1998): Wie gut sind unsere Kindergärten? Eine Untersuchung zur pädagogischen Qualität in deutschen Kindergärten. Neuwied, Berlin.

Tietze / Schuster / Roßbach (1997): KindergartenEinschätzSkala. Deutsche Fassung der Early Childhood Environment Rating Scale von T. Harms und R. M. Clifford. Neuwied.

Zimmer, J. (1996): Der Situationsansatz als Bezugsrahmen der Kindergartenreform. In: Enzyklopädie Erziehungswissenschaft. Band 6. Erziehung in früher Kindheit. Hrsg. von J. Zimmer. Stuttgart. S. 21–38.

Abbildungsverzeichnis

1 Die Kindertageseinrichtung als „soziale" Organisation 18

2 Individuelle Konzepte und verbindliche Konzeption 24

3 Die Kindertageseinrichtung als sozialer Dienstleistungsbetrieb 34

4 Das neue Prozessmodell der DIN EN ISO 9000 ff. 35

5 Die drei grundlegenden Dimensionen der Gesamtqualität von Kindertageseinrichtungen 40

6 Die Interessenpartner einer Kindertageseinrichtung 43

7 Die Teilaspekte der Fachlichkeit 44

8 Die Teilaspekte der Organisationsstruktur Kindertageseinrichtung 45

9 Die Dimensionen und Teilaspekte der Gesamtqualität einer Kindertageseinrichtung 48

10 Unterschiedliche Erwartungen an eine Kindertageseinrichtung 73

11 Die 10 Stufen des KitaManagementKonzeptes 83

12 Vorstufen auf dem Weg zum KitaManagementKonzept 86

13 Analyse des Dienstleistungsangebots 90

14 Vom Konzept zur Grundkonzeption 98

15 Teilschritte beim Aufbau einer Konzeption 100

16 Vier Methoden der Konzeptionsentwicklung 103

17 Stoffsammlung für die Formulierung pädagogischer Ziele 104

18 Stoffsammlung für die Formulierung des Selbstverständnisses 104

19 Stoffsammlung für die Formulierung methodisch-didaktischer Prinzipien 105

20 Aufbau einer Zielbeschreibung 107

21 Beispiel für direkte Teilleistungen einer Kindertageseinrichtung 108

22 Zusammenhang zwischen Ziel- und Leistungsbeschreibung 109
23 Beispiel: Das Leistungsangebot einer Kindertageseinrichtung 112
24 Beispiel für ein Dokumentationssystem 121
25 Ausschnitt aus einem Kinderbeobachtungsbogen 123
26 Dokumentation eines Elterngesprächs 124
27 Projektarbeit 126
28 Beispiel: Dokumentvorlage „Veranstaltung/Festgestaltung" 127
29 Beispiel: Dokumentvorlage „Teamprotokoll" 128
30 Beispiel: Qualitätsstandard „selbstbildendes Freispiel" 134
31 Grad der erforderlichen Strukturierung einer Einrichtung 139
32 Die Netzwerkorganisation einer Kindertageseinrichtung 141
33 Funktionsbeschreibungen in einer Kindertageseinrichtung 145
34 Mitteilungs- und Entscheidungswege zwischen Gesamtteam,
    Gruppen- und Projektteams 150
35 Vorteile der Budgetierung 158
36 Überprüfung von Teamstrukturen 166
37 Dokumentvorlage für die Auswertung von Elterngesprächen 171
38 Elemente eines Qualitätshandbuches 176
39 Beispiel für Inhalte des allgemeinen Teils eines Qualitätshandbuches .. 178
40 Beispiel „Trägerleitbild" 179
41 Beispiel „Selbstverständnis" 180
42 Beispiel „Qualitätspolitik" 180
43 Beispiel „Betreuungsangebot" 181
44 Beispiel für das Profil einer Kindertageseinrichtung 182
45 Beispiel für die Organisationsstruktur einer Kindertageseinrichtung .. 183
46 Beispiel für die Zielformulierung einer Kindertageseinrichtung 184
47 Beispiel für die Darstellung der pädagogischen Teilleistungen einer
    Kindertageseinrichtung 185
48 Beispiel für die Darstellung der Teilleistungen der Elternarbeit 186
49 Beispiel für die Darstellung von Teilleistungen der Öffnung nach
    außen 187
50 Beispiel für die Beschreibung des Erziehungsprozesses einer
    Kindertageseinrichtung 189
51 Beispiel für eine Übersicht über die Prozessplanung 190
52 Beispiel: Übersicht über die Prozesslenkung 191
53 Beispiel: Kurzbeschreibung des Dokumentationssystems 192
54 Beispiel: Überblick über ein Evaluationssystem 193

55 Beispiel für eine Übersicht über das System kontinuierlicher
   Weiterentwicklung einer Kindertageseinrichtung 194
56 Beispiel für die Übersicht über die Personalentwicklung 195
57 Beispiel für das Ressourcenmanagement einer Kindertageseinrichtung 196
58 Beispiel: Inhaltsverzeichnis Anhang A 197
59 Beispiel: Inhaltsverzeichnis Anhang B 198
60 Beispiel für den Qualitätsstandard „Gesamtteam" 199
61 Ausschnitt aus dem Dokumentationssystem einer Kindertageseinrichtung 200
62 Beispiel: Qualitätsstandard „Fortbildung und Schulung" 204
63 Beispiel: Qualitätsstandard „Hygiene und Sicherheit" 205
64 Beispiel: Inhaltsverzeichnis Anhang C (Evaluationsverfahren) 206
65 Beispiel für kollegiale Beobachtung 207
66 Beispiel: Inhaltsverzeichnis Anhang D (Dokumentvorlagen) 208
67 Führungs- und Managementaufgaben 211